KB117757

터지는
콘텐츠는
이렇게
만듭니다

터지는
콘텐츠는
이렇게
만듭니다

클릭을 유도하는 컨셉부터
트래픽을 만들어내는 노하우까지

박창선 지음

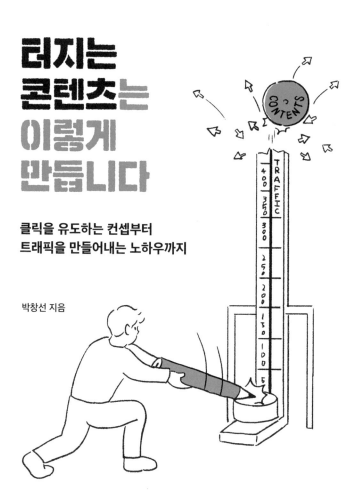

유영

프롤로그: 당신의 글이 안 터지는 이유

글을 쓰면서 몇 번의 깨짐이 있었습니다. 물론 지금도 마찬가지지만요. 글을 잘 쓴다는 느낌에 취할 때가 있습니다. 작게는 주변의 칭찬으로, 업무적으론 어떤 콘텐츠가 잘 써질 때, 소비자들의 반응이 꽤 좋을 때 종종 자신감과 실력을 착각하곤 합니다.

길지 않은 삶을 살면서 겪었던 두 번의 경험을 말씀드리려고 합니다. 처음은 고등학교 1학년 때였습니다. 오래도록 필사를 하고 일기도 써온 터라 문장을 길고 빨리 쓰는 것에 익숙해진 상태였습니다. 나름 글을 곧잘 쓴다고 생각했죠. 대회도 많이 나갔고, 상도 꽤 타곤 했습니다. 그 시절 글을 쓸 수 있었던 힘은 다큐나 책을 보며 익혔던 잡학상식들이었습니다. 이런 단어, 저런 단어들을 끌어와 짜깁기하며 글을 쓰곤 했습니다. 딱 고등학교 1학년까진 그게 먹혔죠.

그때는 '내가 이렇게 똑똑하다'고 세상에 알리고 싶었던 모양입니다. 시간이 갈수록 더욱 어려운 단어에 집착하기 시작했습니다. 문장 구성은 점점 복잡해졌고 글은 길어졌습니다. 전국 논술대회를 앞둔 어느 날 국어 선생님이 제 연습 원고를 보곤 물어보셨습니다.

"넌 이게 무슨 말인지 알고 쓰는 거니?"

머릿속엔 그 단어에 대해 한 줄 정도의 사전적 정의가 들어있을 뿐이었습니다. 대충 얼버무리듯 대답하자 선생님께선 짧게 말씀하셨습니다.

"글에 잘난 척이 가득하네."

결국 그 대회에선 입선조차 하지 못했고, 괜한 자존심을 부리며 펜을 놓아버렸습니다.

그로부터 13년이 지난 후 카카오 '브런치'를 통해 다시 글을 쓰기 시작했습니다. 두 가지 목적이 있었습니다. 사업을 하고 있었으니 사업 관련 콘텐츠를 만들어야 했던 것이 하나, 그리고 다른 하나는 오랜만에 다시 글을 쓰니 사뭇 가벼워진 손의 느낌이 좋았달까요. 초반엔 아무리 글을 써도 반응이 그리 좋진 않았습니다. 그러다 조금 톤을 바꿔서 몇 개의 글을 써보았습니다. 그렇게 일곱 개의 글을 썼을 무렵 콘텐츠가 터지기 시작하면서 조회수가 올라갔고, 주변에서 제 글을 읽었다는 사람들이 많아졌습니다. 당연히 사업 매출도 크게 올랐습니다. 인생의 어떤 운을 끌어다 쓴 것이죠. 방송, 라디오, 인터뷰 요청이 들어왔고 만나는 사람들에겐 교묘한 겸손의 말을 전하기 시작했습니다. 퇴고 없이 술 먹고 쓴 글이었다, 한 번에 쭉 쓰고 보지 않는다, 터지는 데 공식은 없다 등. 물론 전부 사실이긴 했지만 그게 자랑할 만한 건 아니었는데 말이죠.

콘텐츠가 늘 터지지는 않습니다. 결국 1년이 못 되어 조회수는 떨어지기 시작했고 인생에 찾아온 몇 안 되는 기회는 그렇게 끝나는 것 같았습니다. 마음은 불안해졌고, 트렌드를 탓하기 시작했죠. 무리수와 자기복제가 시작되었습니다. 몇 번의 자기복제는 꽤나 괜찮은 조회수를 만들어냈습니다. 하지만 공허함은 점점 커져갔죠. 무리수는 결국 자극적인 표현을 부릅니다. 독자들의 쓰디쓴 댓글도 그 무렵 달리기 시작했죠. 그렇게 2018년 한차례의 시끌벅적한 신고식을 치렀습니다.

이 두 에피소드의 공통점이 보이시나요? 맞습니다. 글쓰기에서 가장 중심에 둬야 할 독자가 없었죠. 나를 드러내거나 수치를 올리느라 정신이 없었습니다. 특히 상금이나 조회수같이 명확한 보상이 있을 땐 더욱 심했습니다. 독자가 보이지 않았습니다. 글의 완벽함, 멋진 단어와 유창한 표현만 신경 쓰곤 했습니다.

글은 기본적으로 독자와의 대화입니다. 둘은 아주 조용한 테이블에 앉아 있습니다. 약간 어둑한 불빛의 나무 테이블이 있는 따뜻한 공간이죠. 내가 좀 더 말이 많은 상태고 독자는 조용히 듣고 있습니다. 우린 우리가 쓰는 페이지 건너편에 사람이 있단 사실을 잊어선 안 됩니다.

글을 잘 쓴다는 것은 문법의 철두철미함이나 표현의 기발함을 의미하지 않습니다. 물론 이런 기술들은 중요하지만, 적어도 일하는 데 필요한 글에선 동료나 소비자의 목소리를 잘 듣는 게 먼저입니다. 어떤 단어를 쓰고, 어떤 소재와 제목을 뽑느냐는 차후의 문제죠.

멋진 단어와 표현들은 꽤나 매력적입니다. 저도 단어와 문장을 수집합니다. 김영하 작가님의 '작가는 문장을 수집하는 사람'이라는 말에 동의합니다. 그만큼 많은 선택항이 생긴다는 얘기이기도 하죠. 표현법이나 문장 구조나 단어 선택에 있어서 많은 리소스를 가지고 있단 건 글을 쓰는 사람 입장에선 정말 강력한 무기입니다.

다만 우리가 조심해야 할 부분은 이것입니다. 글은 기본적으로 사고의 표현입니다. 생각한 대로 표현하기도 하지만, 대부분은 표현이 다시 나를 규정하는 경우가 많죠. 회귀인식입니다. 내 귀로 들려오는 단어가 좀 더 고급스럽고 어렵고 복잡한 단어였으면 하는 바람이 생깁니다. 내가 쓰는 언어와 나를 동일시하죠. 멋진 단어를 쓰는 만큼 나도 멋진 사람이 되는 것 같은 느낌이랄까요. 선택항이 많아질수록 자유분방함을 느낍니다. 남들이 모르는 단어를 알아갈수록 새로운 세계가 열리는 듯한 카타르시스가 생깁니다.

앞서 제가 말했듯 머릿속에 다양한 논리 구조와 표현 방식을 지니고 있는 건 정말 중요합니다. 하지만 우리가 분별해야 하는 건 '선택지가 많다고 글을 잘 쓰는 건 아니라는 점'입니다.

선택지는 재료일 뿐, 어떤 재료를 선택할지에 필요한 '선택의 기준'이 명확해야 합니다. 어떤 말을 하고 싶은지, 내가 말하고 싶은 주제를 어떻게 다양한 관점에서 바라볼 수 있는지를 고민해야 합니다. 말이 많아질수록 상대방의 말은 들리지 않습니다. 글이 길어지고 복잡해질수록 대화는 단절되어 갑니다. 커뮤니케이션은 사라지고, 스킬만 난무하는 글로 변해갑니다.

물론 우린 일을 해야 하고 성과를 만들어야 합니다. 브랜드 콘텐츠가 널리널리 퍼져야 하죠. 스킬을 써서라도 잘 읽히는 보고서나 카피를 만들어야 합니다. 모든 겉치레를 내려놓고 본질에만 집중하란 말을 하고 싶진 않습니다. 그러기엔 저조차도 당장 내일 업로드할 콘텐츠가 시급하니까요. 다만 멋진 단어와 익숙한 스킬로 하루치 글을 마무리했다면 그것에 심취하지 않았으면 하는 바람입니다. 조금 더디더라도 꾸준한 글과 탄탄한 눈을 지니려면 정말 많은 생각들과 다양한 관점의 이야기를 들어봐야 합니다. 우린 독자와 끊임없이 커뮤니케이션해야 합니다. 그리고 우리만의 기준을 정해야 하죠.

　페이지 너머의 사람을 생각하세요. 글은 무엇을 쓸지를 생각하기 이전에, 어디에서 멈출지가 훨씬 중요합니다.

차례

1장

터지는
콘텐츠의
기본기

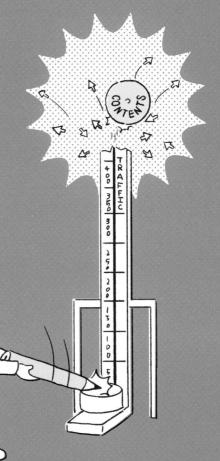

쓰고 싶은 것과 읽고 싶은 것은 다르다

글에는 많은 종류가 있습니다. 다양한 장르와 형식, 각기 다른 문체, 글의 길이나 표현법 그리고 쓰여진 목적에 따라 다채로운 이름이 붙습니다. 여기에선 '성과를 위한 글'을 다루려고 합니다. 단순히 감동과 정보를 전하는 것을 넘어서 소비자에게 매력을 전하고 구매, 가입, 조회, 공유, 댓글 등의 행동을 만들어내는 글이죠. 우리가 흔히 생각하는 문학이나 수필, 단순한 일기 같은 글과는 많이 다릅니다. 우리가 여기에서 다루려고 하는 글들은 하루의 1/3을 몸담고 있는 회사에서 쓰는 글이고, 여러분들의 브랜드나 여러분 자신을 판매해야 할 순간에 필요한 것들입니다. 좀 더 전략적이어야 하죠.

우리가 맨 처음 기억해야 할 명제는 이것입니다. '쓰고 싶은 글이 아닌, 읽고 싶은 글을 쓴다.'

제가 글을 쓰면서 가장 조심하는 부분이자, 균형을 맞추기 위해 여전히 고민하는 영역이죠. 나의 욕망과 독자의 욕망을 동시에 인지하는 능력. 하나하나 이야기해보겠습니다.

글 속에 숨겨진 욕망

글에는 목적과 욕망이 담겨 있습니다. 목적은 펜을 든 이유입니다. 단순히 나의 하루를 기록하는 일기부터 비평, 논설, 사과문, 기고문, 제안서 등 여러분이 쓴 글을 통해 전하고 싶은 메시지와 기대하는 결과들이 있겠죠.

글의 목적은 글의 장르와 형식을 결정하는 요소입니다. 욕망은 글을 쓰면서 피어나는 마음 깊은 곳의 소리와 같죠. '잘 쓰고 싶다!'라던지 '사람들이 공감해줬으면 좋겠다!'는 식의 숨겨진 목적들이죠. 제가 글을 쓰기 시작했던 표면적인 목적은 제 사업체를 알리고 더 많은 프로젝트 의뢰를 얻기 위해서였습니다. 지극히 팔리기 위한 글이었죠. 내적 욕망은 조금 달랐습니다. 글에 달린 '좋아요'나 댓글을 통해 인정욕구를 채우고 있었죠. 더불어 '무엇인가를 계속하고 있다'라는 합리화를 통해 불안함을 잠재우기도 했습니다. 이런 욕망들은 톤과 단어, 리듬 등 글의 구성 요소들에 영향을 미칩니다. 목적이 하드웨어라면 욕망은 소프트웨어와 같죠.

이 중 신경 써야 할 부분은 바로 '욕망'입니다. 저는 다양한 회사나 브랜드를 소개하는 텍스트를 만들고 있습니다. 보통 이런 글의 목적은 아주 분명합니다. 정보를 담되, 가장 정확한 언어로 우릴 알리고 기억하게 만들고 나아가 클릭, 가입, 다운로드, 구입으로 이어지게 하는 것이죠. 하지만 쓰는 사람의 욕망에 따라 문장의 결은 크게 달라집니다. 회사 소개서를 제작하는 디자인 회사의 한 줄 소개 문구를 예로 들어보겠습니다.

우리는 브랜드를 가장 매력적으로 소개하는 텍스트 콘텐츠를 기획/제작하고 이를 통해 다양한 브랜드 통합, 확장을 만들어 급변하는 시장에 유연하고 정확하게 대처할 수 있는 attraction point를 선사합니다.

이 글에 숨겨진 욕망이 보이시나요? 하고 싶은 말이 매우 많은데 한 문장 안에 담아야 하니 마음이 조급해졌습니다. 자부심은 넘치는데 적합한 단어를 찾지 못해 어려운 용어가 등장합니다. 호흡을 놓쳤고, 정보가 너무 많아서 결국 뭐 하는 회사인지 한눈에 보이지 않습니다. 이 모든 욕망을 잠시 억누르고 핵심만 추려보면 결국 한 문장이 남습니다.

우리는 매력적인 회사 소개서를 만듭니다.

하지만 '매력적인'이라는 단어는 너무 주관적입니다. 느낌보단 행동을 중심으로 다시 고쳐보겠습니다.

클릭을 부르는 회사 소개서를 만듭니다.

우리는 지금 멋진 카피나 화려하고 감동적인 문장을 만들려는 것이 아닙니다. 단순하고 담백하지만 하고 싶은 말을 명확하게 전달하는 게 주목적이죠. 저 정도면 충분합니다. 글에 담긴 수없는 욕망들을 정리하는 작업이 필요하죠. 독자가 어떤 글을 읽고 싶어 하는지를 알고 있다면 이 작업이 조금 더 수월할 것입니다.

읽고 싶은 글이란 무엇일까?

독자는 글에 담겨진 '정보와 태도'를 관찰합니다. 검색이든 노출이든 글을 접하게 된 독자는 이것을 기준으로 스크롤을 움직입니다. '우선은 내가 원하는 정보가 정확하게 있는지'가 중요하겠죠. 충무로 맛집을 검색했을 때 이런 포스팅이 있었다고 생각해봅시다.

저희 아이들 세 명과 함께 배우자가 일하러 간 틈에 시간을 때울 겸하여 나왔습니다. 한참을 돌아다니다가 우연히 어떤 낙지볶음 식당을 발견했습니다. 사실 저희 아이들은 아직 매운 것을 먹지 못해 고민이 되었지만….

읽다가 뒤로 가기를 누를 것 같은 서두입니다. 독자에게는 그 식당이 맛있는지 내부 분위기는 어떤지, 가격은 어떤지, 위치가 어딘지가 더 중요합니다. 이런 글을 마주한 독자는 바로 스크롤을 내린 후 사진부터 확인하게 될 겁니다. 정보를 얻기 위해 글을 읽는 독자는 세 가지 요소를 고려합니다.

1) 이 정보가 정말 나에게 필요한가 : 필요도

2) 내가 정보를 손쉽게 이해할 수 있는가 : 난이도

3) 이 정보를 신뢰하고 활용해도 되는가 : 유효성

우리 브랜드가 지닌 정보는 수도 없이 많습니다. 이 모든 걸 한꺼번에 보여줄 순 없습니다.

여러분이 쓴 글을 읽는 독자가 누구인지가 명확해야 합니다. 지구상에 딱 한 명만이 우리 콘텐츠를 읽고 '좋아요'를 누른다면 그 사람은 과연 누구일지 그려봐야 하죠. 그리고 그에게 무엇이 필요한지, 어느 정도의 지식 수준을 지녔는지, 그리고 내가 쓰는 정보가 제대로 된 정보인지 검증하는 과정이 필요합니다.

어떤 정보를 제공할지가 추려졌다면 '태도'를 신경 써야 합니다. 예를 들어 병원에 대한 포스팅을 쓰고 있습니다. 필요한 정보를 쉽고 근거를 들어 제공했지만, 글의 태도가 내내 비꼬는 듯한 말투거나 장난끼만 가득하다면 어떨까요? 영화 리뷰를 쓰고 있습니다. 내용이나 관련 정보는 정확하지만 너무 공격적인 비속어나 거친 표현들이 가득하다면 어떨까요? 어떤 회사에선 자기 서비스의 중요성을 강조하기 위해 소비자를 과도하게 비판하는 경우도 있었습니다. '지금까지 B제품을 이용한 당신은 돈낭비만 하고 있었던 것'이라고 말이죠. 설령 그게 맞는 말이라고 할지라도 독자 입장에서 기분이 좋진 않을 것입니다.

앞서 말했던 '쓰고 싶은 글이 아닌, 읽고 싶은 글을 쓴다'라는 문장을 다시 정리해보자면 이렇습니다. 문장 그대로 독자가 원하는 글만 쓰라는 이야기가 아닙니다. 독자에게 필요한 정보와 독자가 원하는 태도는 다양합니다. 우리에겐 다양한 선택지가 있죠. 여러분은 이 중 어디에 포커스를 맞출지. 어떤 글로 어떤 반응을 이끌어낼지 선택할 수 있습니다. 우리에게 필요한 것은 명확한 방향성과 근거 있는 선택입니다.

사람들이 좋아하는 글은 따로 있다

SNS나 공식 홈페이지, 소개서나 제안서, 광고 문구나 자체적으로 만드는 블로그 콘텐츠까지 회사에선 다양한 글을 작성하게 됩니다. 보통 이런 텍스트 콘텐츠를 통해 이루려고 하는 목적은 다섯 가지 정도입니다.

1) 브랜드 이미지 구축하기
2) 앱/웹 내로 유입시키기
3) 가입/구매를 유도하기
4) 브랜드 팬 확보(구독자 등)하기
5) 트래픽 확보하기

어떤 행동을 목적으로 하느냐에 따라 글의 성향도 많이 달라집니다. 이미지 구축을 위한 글이라면 톤이나 다루는 소재 등이 더욱 중요해집니다. 유입이나 구매 유도를 목적으로 하는 경우에는 소비자의 손가락을 움직일 매력적인 유인 문구가 더 중요하죠. 팬을 확보할 때는 소수의 취향을 저격할 수 있는 분명한 개성이 필요합니다. 트래픽은 누군가에게 공유할 수 있고, SNS 상에서 화제가 될 법한 공감/재미 요소가 있어야 발생합니다. 이 방향성을 잘못 잡으면 재미도 없고 성과도 없는 글이 탄생하죠.

예를 들어 팬을 확보하고 싶다면서 정보성 글을 쓰고 있으면 안 됩니다. 정보성 글은 기본적으로 주로 검색을 통해 시작되고 저장으로 마무리됩니다. SNS 상에서 공유력도 높지 않죠. 팬은 정보를 통해 만들어지지 않습니다. 다른 경우를 생각해볼까요. 트래픽을 확보하고 싶습니다. 우리 제품의 장점을 강조하는 글을 써야 할까요? 누구도 광고성 글을 친구에게 공유하지 않습니다. 트래픽은 '이거 네 얘기다! 이것 좀 봐'라는 반응에서 시작됩니다. 글을 보고 공유할 대상이 떠올라야 합니다. 콘텐츠에 긍정적인 의견을 남기거나 공유를 했을 때 부끄럽지 않은 주제여야 하고요.

여러분이 쓰고자 하는 글의 목적이 어떤 것이냐에 따라 글의 방향성이 달라져야 합니다. 이 방향성이 잡힌 후에 콘텐츠의 표현 방식과 색깔을 정합니다. 예를 들어 브랜드 이미지를 구축하고 싶다고 해봅시다. 전문적이고 냉철한 분석가의 이미지가 되고 싶죠. 그렇다면 어떤 스타일의 글을 써야 할까요. 좁은 주제에 대한 날카로운 칼럼이나 인사이트가 돋보이는 정보성 글 위주로 적겠죠. 그런데 이게 공짜로 보기에는 너무 아까울 정보로 귀한 자료여야 합니다. 그리고 독보적이어야 하죠. 좁은 분야를 집중해서 다뤄야 하고요. 이런 콘텐츠는 누가 공유하게 될까요? 주제에 관심이 있거나 업무에 필요하거나 또는 이 콘텐츠를 공유함으로써 '앞서가는 느낌'을 보여주고 싶은 사용자들이 자신의 페이스북이나 링크드인으로 공유할 것입니다. 그리고 그걸 본 유사한 유형의 다른 독자도 저장하겠죠. 트래픽이 많진 않을 것입니다. 대신 신뢰할 만한 정보를 제공하는 곳이라는 이미지가 축적되어 갑니다. 우리가 목적한 결과죠. 예를 들어 볼까요.

• 방향성은 '전문가 이미지 구축하기'입니다.

- 방법은 '최신 블록체인 기술동향 정보 제공'입니다.
- 색깔은 '공짜로 보기 아까울 정도'의 상세하고 깊이 있는 리포트입니다.

이 중 많은 브랜드에서 구체화시키지 못하는 부분은 '색깔'입니다. 예를 들어 '정보 제공'이라는 단어만 가지고는 어떤 정보를 어떤 식으로 전할지 확실히 알 수 없습니다. 텍스트 콘텐츠는 읽었을 때 어떤 감정을 불러일으켜야 합니다. 이 글을 사랑하게 만들 이유가 있어야 하죠. 열 가지 정도로 정리해보겠습니다.

① 나만 가지고 있는 감정이 아니구나

글은 생각입니다. 주로 내 생각을 일방적으로 전달하는 방식이지만, 독자는 내 생각을 통해 위로받기도 합니다. '나와 같은 생각인 사람이 있구나!'라고 말이죠. 게다가 그게 브랜드의 콘텐츠로 발행된 것이라면 훨씬 크게 위로받는 느낌일 것입니다.

난 오이가 너무 싫은데 친구들은 오이가 모두 좋다고 합니다. 늘 오이 때문에 이상한 사람 취급을 받다가, 어느 날

문득 '오이를 싫어할 수밖에 없는 열 가지 이유'라는 글을 발견했습니다. 독자는 이것 좀 보라며 친구들에게 이 글을 공유할 겁니다. 본인의 페이스북에도 올릴 겁니다. 오이를 싫어하던 수많은 사람들이 댓글을 남기겠죠. 다수의 의견에 동의하는 건 별 효력이 없습니다. 소수의 의견에 동의해야 소수는 위로받고, 다수는 반응하죠.

② 이걸 이렇게 쉽게 말한다고?

블록체인, 핀테크, 건축시공기술, 금융플랫폼, 비즈니스 컨설팅, 사업전략기획, UX기획 등 단어만 들어도 너무 어려울 것 같은 소재들이 있습니다. 어려운 소재일수록 쉽게 풀어냈을 때 글의 매력도는 상승합니다. 보통 이런 글의 독자는 검색을 통해 들어옵니다. 내가 원하는 정보를 찾기 위해서죠. 어떤 재미나 가독성에 대한 기대를 하지 않은 상태입니다. 막상 들어와서 글을 읽는데 이게 너무 재미있으면 화들짝 놀랍니다. 지금까지 이런 얘기를 이렇게 쉽게 하는 곳을 보지 못했기 때문이죠. 뉴스를 쉽게 정리해주는 시사 뉴스레터 서비스 '뉴닉'이나 기업회계장표를 흥미롭게 분석해주는 '돈 밝히는 여자 Cathy' 등이 사랑받는 이유이기도 합니다.

③ 맞아맞아 진짜 그래, 디테일한 관찰기

예상치 못한 곳에서 사람들은 빵 터집니다. 강의장이나 행사장에 빠지지 않고 등장하는 과자 목록을 적은 글이나, 콘텐츠 만드는 사람들의 대화 특징을 적은 글, 스타트업 사람들 특유의 말투를 관찰한 '판교사투리' 등 깊게 신경 쓰지 않고 지나쳤는데 생각해보니 정말 그렇다고 느낄 때 독자들은 신선함을 느낍니다. 뭔가 흩어진 퍼즐이 맞춰지면서 하나의 법칙을 발견한 느낌을 받죠. 일상의 디테일에서 패턴을 발견하고, 그것에 이름을 붙이거나 목록을 만들어내는 것이 제 글의 특징입니다. 이런 디테일은 다양한 웃음 포인트를 선사하기도 하죠.

④ 이건 진짜 필요한 글이었어

정말 구체적인 필요를 충족시키는 글이 있습니다. '일러스트레이터 모든 오류 대처 방법 알려드림'과 같은 글이죠. 정말 딱 프로그램 오류가 났을 때 찾아보게 되는 글입니다. 아주 구체적인 문제를 해결해주는 글은 언제나 소중합니다.

⑤ 어떻게 이렇게 깊이 있는 인사이트가?

반면 정말 저장해놨다가 다음에 읽어보고 싶은 인사이트 콘텐츠도 있습니다. 주로 굉장히 길고, 분석 자료가 다양하며 상세한 의견이 가득한 글입니다. 쓰는 데에도 엄청난 공수가 들죠. 이는 브랜드 자체의 위상을 높여주고, 독자들로 하여금 엄지를 들게 만드는 역할을 합니다. 트래픽보단 이미지 형성과 저장, 장기적인 재방문을 목적으로 많이 작성하죠.

⑥ 이런 진정성 있는 글은 정말 좋다

서비스 제작기, 비하인드 스토리, 조직의 실수, 제품의 단점을 보완한 스토리, 솔직한 자랑 등 겸손뿐 아니라 순수한 자랑, 후회, 반성 등은 독자들이 사랑하는 콘텐츠입니다. 그게 비록 광고라고 해도 너그러이 용서해줄 정도죠. 이런 글의 특징은 하기 힘들 수도 있는 어려운 얘기를 무척 담담한 어조로 풀어낸다는 점입니다. 담백함과 무겁지 않은 깔끔한 뒷맛에 오히려 독자들이 감정적으로 감화되는 경우죠.

⑦ 불만 있는 곳에 핵사이다 한 방

브랜드 입장에선 다소 어려운 색깔이기도 합니다. 어떤 사회적 이슈에 대한 브랜드의 입장을 표명하는 것과 같으니까요. 하지만 그게 공공의 선을 향한 의견이거나 아주 당위적인 주제일 경우엔 시원한 어투로 쏟아부어 주는 것도 하나의 카타르시스를 선사합니다. 이를테면 코로나 시대엔 '집에 있어줘'라는 아젠다가 되겠고, 명절 때는 '제 일은 제가 알아서 합니다' 정도가 되겠죠. 다만 어떤 주제는 시대에 따라 그때는 맞고 지금은 틀린 것이 될 수도 있으니 신중하도록 합시다.

⑧ 진짜 이거 누구 보여주고 싶다

클라이언트들이 사용하는 '샤하게', '쨍하게', '모던한데 빈티지한 느낌' 같은 용어들이 있습니다. 정확한 디자인 용어는 없는데 뭔가 표현을 해야 하니 등장하는 단어들이죠. 이런 용어들을 정리했던 '디자이너를 위한 알쏭달쏭 클라이언트들의 용어 정리'라는 글이 있었습니다. 이 글은 발행하고 한 달만에 8,000회가 넘는 공유를 기록했었죠. 대부분은 디자이너들 사이에서 공유가 되었을 겁니다. 클라이언트들도 담당자끼리 주고받았을 것이고요. 주요 유입 통로는 카카오톡이었습니다. 단톡방이나 개인톡으로 공유하며 퍼졌던 텍스트 콘텐츠죠. 콘텐츠가 퍼지는 이유는 공유 때문입니다. 글을 읽고 전달하고 싶은 한 사람이 떠올라야 합니다. 누구나 겪는 상황인데 그 상황이 꽤나 풀리지 않는 숙제여야 합니다. 완벽한 해결책을 주진 못해도 웃으며 해소할 수 있는 '대화거리'를 제공하는 것만으로도 콘텐츠는 가치 있습니다. 사람들 사이에서 한 방에 해결되지 않는 고질적인 고민거리가 무엇인지 잘 눈여겨봅시다.

⑨ 가슴이 몽글몽글해진다

미술 작품을 설명하는 글이나, 반려 동물을 위한 서비스를 제공하는 곳, 환경 보호를 위해 애쓰는 브랜드 등 좀 더 감정의 동인을 활용해야 하는 경우도 있습니다. 이런 콘텐츠는 감동이나 애정, 슬픔 등 본능적인 부분을 목적지로 합니다. 잘 작동한다면 굉장히 반응이 크지만, 주의사항이 있습니다.

사람들의 감정을 건드리는 몇 가지 키워드가 있습니다. 주로 동물, 아기, 문화유산, 사랑, 부모님, 정성, 죽음 등과 같이 이해관계가 적용되지 않는 예외의 영역이죠. 이런 부분을 건드릴 때는 절대 광고성 멘트나 그 소재를 이용하려는 태도를 드러내서는 안 됩니다. 우리가 이런 일을 하고 있다는 것은 발행한 콘텐츠 자체에 이미 드러나 있습니다. 자꾸 제품을 사라고 하거나, 당장 가입하라는 식으로 종용하면 굉장한 역효과가 날 수도 있습니다. 글을 읽고 독자들의 가슴이 먹먹해지거나 흐뭇한 미소가 났다면 그것으로 족합니다.

⑩ 예상치 못한 조합이 괜찮다

부동산에 대한 이야기를 하면서 양자역학의 개념을 도입하거나, 생굴에 대한 홍보를 하는데 도스토예프스키가 등장하는 경우입니다. 저도 추석에 전 부치는 방법으로 리더십에 대한 이야기를 쓰거나, 판타지 소설의 세계관으로 브랜드 전략을 설명하는 글을 써보았죠. 신선함과 몰입감을 선사할 수 있다는 점에서 훌륭한 선택이지만 완성도를 신경 쓰셔야 합니다. 예상치 못한 두 개념이 동시에 등장하면 소비자는 굉장히 긴장하게 됩니다. 이런 색깔로 글을 쓸 때는 둘의 조합을 통해 궁극적으로 어떤 결합을 만들어낼 것인지 명확한 결론을 내고 시작해야 합니다. 두 개념이 쫀쫀하게 묶이지 못하면 오히려 매우 뜬금없는 느낌을 줄 수도 있으니까요.

위에서 언급한 열 가지 이유의 공통점은 이렇습니다. 어떤 정보를 받아들일 때 가장 먼저 정보와 관련한 감정과 경험을 떠올리게 만들어주는 것. 팩트에 대한 이해보다 보여주고 싶은 친구가 먼저 생각나게 만들고, 글의 느낌을 매력적으로 살리는 것이 먼저라는 점입니다. 우리가 논문이나 비평문, 논설, 기사문을 쓰는 것이 아니라면 일단 처음으로 명중시켜야 할 곳은 독자의 어떤 기억입니다. 이것은 감정에 호소하는 것과는 조금 다릅니다. 호소가 감정 그 자체를 흔들어서 무언가를 판단하게 만들려는 것이라면, 우리가 쓰는 글은 독자의 경험과 기억을 떠올리게 만드는 게 전부입니다. 그 기억이 어떤 감정으로 포장되어 있는지까지 건드릴 순 없죠. 역으로 우리가 독자가 되어 생각해봅시다. 우리가 저장하고 공유하는 글은 나의 어떤 기억과 경험을 건드린 것일까요? 어떤 감정이 솟구치셨나요? 왜 나는 제로웨이스트를 실천하는 카페 이야기를 저장하고 있는 걸까요?

공감의 세 가지 요소

어떤 댓글에서 'K-장녀', 'K-장남'이란 단어를 보고 놀란 적이 있습니다. 여러분도 보자마자 어떤 뜻인지 확 이해가 되었나요? 저마다 떠올리는 특징은 조금씩 다르겠지만 우리 나라 장남장녀들의 공통적인 성향을 의미하는 단어라는 것을 알 수 있습니다. 이 댓글 아래엔 정말 많은 'ㅋㅋㅋㅋ'와 더불어 공감과 기발함을 찬사하는 대댓글이 가득했습니다.

많은 실무자들이 '공감 가는 글'을 쓰고 싶어 합니다. 댓글이나 좋아요, 태그, 공유 등 콘텐츠 관여도를 높이기 위함이죠. 도대체 이 공감의 포인트는 어떻게 잡는 것일까요? 우선 공감은 두 가지 방향성을 지니고 있습니다. 독자가 필자를 위로하는 공감, 필자가 독자에게 전하는 공감. 전자는 주로 에세이나 에피소드 위주의 글에서 자주 나타납니다. 담담한 문체의 글(대체적으로 조금 묵직하고 우울한 주제의) 아래에 '공감합니다, 힘내세요…' 등으로 말이죠. 글을 읽으며 유사한 상황을 떠올린 독자들이 필자의 감정을 공유하는 상태입니다.

콘텐츠는 만드는 사람에겐 후자의 공감이 중요할 것입니다. 사람들로 하여금 'ㅋㅋㅋㅋ 미쳤다 진짜', '진짜 핵공감', '@홍길동 이것 좀 봐, 니 애긴줄' 등의 반응을 이끌어낼 만한 공감 스토리를 만드는 것이죠. 공감 글은 세 가지 요소로 구성됩니다. '톤', '방향성', '포인트'입니다.

톤

공감은 대변과 동조, 위로의 톤을 지니고 있습니다.

대변은 독자들의 묵은 감정이나 억울했던 것들을 시원하게 풀어주는 카타르시스를 제공하는 것입니다. '퇴사짤'이나 대신 욕해주기, 시스템이나 잘못된 유행에 대한 비판 같은 것들이죠. 대변의 톤은 자칫 강한 어투로 변할 수 있기 때문에 위트와 유머가 적절히 섞여야 합니다. 선을 아슬아슬하게 지키는 센스가 필요하죠.

동조는 '내가 그때 했던 행동이 나만 하는 건 아니었구나' 라는 느낌을 선사하는 것입니다. 이를테면 소파는 등받이로 쓰고, 웃을 때 옆 사람을 때리면서 웃거나, 순대를 초장에 찍어 먹는 행위들을 언급해주는 것이죠. 물론 이에 해당되지 않는 사람들도 있겠지만, 공감하는 사람들이 나서서 댓글 창을 토론의 장으로 만들어줄 것입니다.

이때는 '다수의 행위'에 집중해야 합니다. 이를테면 회사에서 보통 주전부리는 책상 두 번째 서랍에 넣어놓는다거나 내비게이션과 싸우며 자신만의 길을 가고 싶어 하는 아버지, 정각에 딱 맞춰 일을 시작하려는 구체적이고 세밀한 행동들이죠. 디테일한 관찰력이 무엇보다 중요합니다.

위로는 '당신이 틀린 게 아니었다'라고 말해주는 것입니다. 진지한 위로가 아닙니다. 취향에 관련한 소수에 대한 항변이죠. 오이를 싫어하는 사람들이라거나, 얼어 죽어도 아이스 아메리카노를 마시는 사람들, 햇빛을 보면 재채기가 나오는 사람들 등 소수의 사람들에게 집중해주고 그들이 맞았다고 말해주는 것입니다. 그들은 '봐! 난 틀리지 않았어. 이런 사람들 많잖아!'라고 외칠 것이고 댓글 창은 또한 번 뜨거운 토론의 장이 되겠죠. 중요한 건 글의 무게감입니다. 소수에 대한 항변이 취향이 아닌 사회적 가치관이나 묵직한 주제로 흐르는 순간 이건 공감 글이 아니라 논설문이나 사설이 되어버리니까요.

방향성

공감은 대다수가 원하는 방향으로 흘러가야 합니다. 아래 문장을 한 번 살펴볼까요.

> 꾸준히 운동을 하면 아침에 일어나 출근할 때 좀 더 가벼운 몸을 느낄 수 있고, 출근 후 업무 능력도 향상됩니다.

틀린 말은 아니겠지만, 우리가 일반적으로 생각하는 출근에 대한 이미지와는 많이 상반된 이야기입니다. 옳은 소리만 하고 있죠. 다수가 출근에 대해 부정적인 인식이 있다면 그들의 편에 서서 함께 소리 질러줘야 합니다.

> 운동하기 전에는 너무 피곤하고 출근하기 싫어서 짜증만 났는데, 꾸준히 운동을 하고 나니 더욱 힘차게 회사 가기 싫다고 외칠 수 있게 되었습니다.

이런 식으로 말이죠. 운동이 활력에 도움을 준다는 팩트는 손상하지 않되, 사람들이 일반적으로 생각하는 '출근은 싫다'는 감정에는 동조해주는 것입니다. 사람들은 콘텐츠에게 가르침을 받고 싶어 하지 않습니다. 아무리 옳은 소리라도 잔소리처럼 들리는 콘텐츠를 소비하진 않죠. 기분만 나빠지니까요.

포인트

첫 단어부터 마지막 단어까지 모두 공감으로 채우려고 하지 마세요. 공감을 만드는 지점은 한두 단어입니다. '5분만 자겠다 다짐하고 다시 눈을 감았을 뿐이야'라고만 써도 뒤에 어떤 일이 벌어질지 사람들은 알고 있습니다. 모든 상황을 구구절절 설명하고 자세히 풀어 쓰지 않아도 됩니다. 구체적인 단어와 몇 개의 단서만으로도 충분합니다.

'우리 엄마는 반찬에 MSG를 넣지 않고 요리를 했어'라는 직접적인 표현보다 '엄마 반찬을 먹으면 속이 더부룩하지 않았어. 배가 부를 뿐이지'라는 식으로 표현해주는 것이죠. 여기에서 MSG가 실제로 속을 더부룩하게 만드는지 안 만드는지에 대한 팩트는 중요하지 않습니다. 공감 글의 핵심은 '상징과 맥락'에서 만들어지기 때문이죠. 때문에 부모님이 가르쳐준 민간요법, 많은 사람들이 모여 만든 암묵적인 규칙, 게으름과 인정욕구, 열등감, 불안 등 사람을 움직이는 본능적인 에너지 등 드러나 있는 시스템이 아니라 뒷단의 문화에 집중해야 합니다.

덧붙여 대부분의 공감 글들은 가벼운 문체를 선호합니다. 이는 사람들에게 '동조의 책임'을 덜어주기 위함입니다. 정치적 이슈나 민감한 사회문제에 공개적으로 댓글을 남기는 건 아무래도 부담스럽거나 다소 격앙된 느낌을 동반합니다. 독자들이 자유롭게 댓글을 남기고 놀 수 있으려면 당신들의 좋아요와 댓글이 확고한 신념이나 가치관을 지지하는 것이 아닌 그저 웃고 넘어가는 농담 중 하나였다고 말해주는 것과 같죠.

마지막으로는 글에 여유가 필요합니다. 완벽한 논리와 정돈된 깔끔함 속엔 독자가 파고들 틈이 없습니다. '순대는 초장/된장/깨소금 등 지역별로 다양한 재료에 찍어 먹는 음식입니다'라는 표현보단 '솔직히 순대는 초장 아니야?'라고

툭 던져주는 편이 좋습니다. 독자는 이 한 문장만으로도 '맞다', '아니다' 자유롭게 의견을 남길 수 있고 친구를 태그하기도 합니다.

  '회사 이름으로 발행되는 글인데 어떻게 그렇게 가볍게 쓸 수 있느냐'라는 의문이 들 것입니다. 당연히 공식적인 텍스트에 공감 요소를 넣을 필요는 없습니다. 소개서나 제안서, 홈페이지 등에는 직관과 정돈된 논리가 필요합니다. 하지만 반응을 부르는 콘텐츠를 제작하려고 마음 먹었다면 여러분은 회사의 이름을 건 '개인'으로 글을 쓴다고 생각하셔야 합니다. 사람은 사람의 이야기를 듣고 싶어 하니까요.

트렌드란 일주일을 먼저 보는 힘

트렌디한 소재와 최신의 정보. 남들보다 빠르게 인사이트를 보여주는 글.

공감 글 못지 않게 실무자들이 쓰고 싶어 하는 글 중 하나입니다. 공감글이 일반 독자들의 뜨거운 반응과 전파를 목적으로 한다면, 최신 트렌드를 반영한 인사이트 글은 좀 더 비즈니스적인 목적을 지니고 있습니다. 동종업계, 유관관계자들에게 어필하거나 독자들에게 실질적인 정보를 제공하는 역할을 하죠. 전파되는 것도 중요하지만 그보단 '우리 브랜드가 이만큼 똑똑하고 통찰력 있으며 업계를 선도하고 있다'는 이미지를 심어주는 것에 무게가 실려 있습니다.

트렌디한 글이란 흔히 두 가지 의미를 지닙니다.

1) 미래지향적인 인사이트나 최신의 정보를 활용한 싱싱한 글
2) 지금 유행하는 밈(MEME)들을 적절히 활용한 유머러스한 글

전자는 빠른 발품을 통한 다양한 서칭, 검증, 업데이트를 통해 사회가 변하는 큰 흐름과 사람들의 욕망이 자리잡을 씨앗들을 관찰하는 글입니다. 후자는 보통 유튜브나 커뮤니티에서 시작된 다양한 유행어나 짤 요소 들을 활용하여 사람들에게 어필하는 글입니다. 개인적으론 이 방식은 추천하지 않습니다. 그런 것들의 생명력은 생각보다 길지 않습니다. 오히려 조금이라도 늦은 타이밍에 유행어를 활용했을 때의 부작용이 더 크죠. 유행에 뒤쳐진 느낌은 물론, 재미없고 식상한 느낌이 강하게 남는 터라 내용에 상관없이 괜히 안 좋은 이미지만 남길 수 있습니다.

저는 브런치 콘텐츠를 발행할 때 많은 짤과 유행어를 활용하지만 이는 브랜드의 이름을 걸고 쓰는 진지한 글이 아니고 개인적으로 소통하는 느낌의 톤이 포함되어 있기에 독자들이

참아주는 것이죠. 공식적으로 업로드되는 브랜드 콘텐츠에는 이런 짤이나 유행어를 쓰지 않습니다. 굳이 쓰고 싶다면 '고양이/강아지 짤'과 같이 유행을 타지않는 에버그린 밈(Evergreen Meme)들 위주로 활용합니다. 이 점을 잘 기억해두세요.

우리는 독자의 생각을 디자인한다

이번엔 전자에 초점을 맞춰서 이야기해보겠습니다. '트렌드'라는 단어만 들으면 최신의 자료를 모아서 그것들을 분석/정리/결론을 도출하는 모습이 먼저 떠오를 겁니다. 물론 트렌드를 반영한 콘텐츠에 있어서 데이터는 매우 중요한 요소입니다. 하지만, 단순히 데이터 분석으로만 끝난다면 '파급력'을 만들 수 없습니다. 데이터는 또 금세 바뀔 것이고, 실제로 사람들이 원하는 것은 수치의 나열이 아닌 맥락이기 때문입니다. 사람들은 누군가가 제시한 개념과 인사이트를 읽고 그것이 '자신의 생각'인 것처럼 말합니다. 여기서 그 '누군가'가 바로 당신이 되어야 하는 것이죠.

■ 단어를 선점한다

예를 들어 코로나로 인해 많은 사람들이 불편을 겪었습

니다. 2020년 봄, 대구 지역에 코로나가 급격하게 퍼지기 시작하자 뉴스, 유튜브 할 것 없이 코로나에 관련한 콘텐츠가 가득 쏟아져나왔습니다. 이때 함께 등장한 것이 '단어'입니다. 뉴노멀이나 포스트 코로나, 언택트, 코로나 세대 등 다양한 신조어들이 생겨나며 현재의 혼란과 흐름을 개념화하기 시작합니다(언택트는 김난도 교수의 《트렌드 코리아 2018》에서 처음 언급되었다가, 코로나 시대에 다시 부상한 개념입니다). 그리고 누군가에게서 시작된 이 단어가 여러 언론과 기업 콘텐츠로 퍼져나가기 시작합니다. 트렌드를 선도한다는 건 단어를 선점하는 것과 같습니다. 다만 아무 단어나 트렌드를 만드는 게 아닙니다. 사람들이 '언택트'나 '뉴노멀'이란 단어에 쉽게 적응할 수 있었던 건 모두가 지금 이 혼란을 뭐라고 불러야 할지 몰랐기 때문입니다. 사람들은 자극적인 단어보다 내가 무슨 상황에 처한 건지 모르겠다는 막연함을 더 무서워합니다. 빨리 내 불안을 어떤 단어로 정의 내려주길 원하죠. 호기심과 욕망도 이와 마찬가지입니다. 유명해진 사람들에게 한 번씩 거쳐가는 듯한 '저 사람 내 돈 안 갚았어요'라는 고발도 '빚투(빚+미투)'라는 용어로 퍼져나가기 시작했죠. 흥미거리와 솔깃한 행위들을 단어로 규정해주는 것입니다.

여기서 중요한 건 단어를 만들어서 그냥 던지는 것보다 그 단어에 대한 철저한 의미부여와 정확한 정의를 내려주는 일입니다. 여러분이 어떤 단어를 만들고 나서 이게 퍼져나가면 그 출처를 찾기 힘들 만큼 많은 곳에서 복제되기 시작할 겁니다. 누군가 그 단어를 우리보다 더 쉽고 재미있게 설명하기 시작하면 비공식적으로 단어를 빼앗기는 셈이죠. 신조어를 만들 땐 우리의 발명품이라고 생각합시다. 이 단어가 어떤 의미를 지니고 있고, 어떤 경우에 써야 하는지 명확한 기준을 먼저 잡은 쪽이 단어를 가져갑니다. 제가 2017년 브런치에 썼던 '직장인들의 넵병'이란 글도 마찬가지였습니다. 넵병이란 단어를 만들고, 넵병이 뭐고 어떻게 쓰이는지 50가지 사례들로 분석해놓았습니다. 만약 이런 내용 없이 그냥 신조어로만 사용했다면 누군가가 더 재밌고 흥미로운 글로 이 단어를 가져갔겠죠.

■ 독자의 배경지식과 맞닿아 있어야 한다

단어를 만드는 건 현재의 근거들입니다. 현재의 어떤 사레나 데이터를 통해 단어를 만들고, 유추를 통해 미래의 변화를 예측하고 어떤 결론을 도출하죠. 이때 여러분이 사용해야 할 사례나 데이터는 가급적 독자들이 끄덕일 만한 사건이나 수치여야 합니다. 사람들에게 그 단어에 대한 배경지식이 없는 상태라면 공감도 유추도 불가능합니다.

예를 들어 환경 문제를 이야기할 때 북극곰에 대한 이야기를 하는 것보다 당장 내년부터 쓰레기 처리장이 부족해 수거를 못한다는 뉴스가 더 와닿습니다. 독자들이 전혀 모르는 A씨의 사례를 드는 것보다 우리가 익히 알고 있는 어떤 연예인의 사례가 더 와닿습니다. 내가 들어본 이야기여야 이제 내 주변에서 실제로 벌어지고 있는 일이라고 여길 수 있죠.

이때 조심해야 할 것은 여러분들이 끌어다 쓸 사례나 데이터가 사건사고에 관련되거나 사회적 이슈와 같은 '민감한 사안'이거나 '근거가 정확하지 않은' 사례일 경우입니다.

일전에 코로나로 인해 많은 기업들이 재택근무 관련 콘텐츠를 발행하던 때가 있었습니다. 마침 저와 함께했던 클라이언트 회사도 재택근무 관련 꿀팁 콘텐츠를 만들고 싶다고 했습니다. 차라리 아무도 그런 이야기를 하지 않았을 때라면 제작에 찬성했겠지만, 이미 많은 기업이 비슷한 콘텐츠를 만들고 있었고 뒤늦게 같은 이야기를 (물론 클라이언트 측은 자신만의 노하우라고 했지만) 콘텐츠화했을 때 오히려 코로나 이슈를 홍보에 활용한다는 부정적인 반응으로 화를 입을 수도 있었죠. 이런 리스크를 감수할 정도로 꼭 써야 하는 콘텐츠도 아니었기에 콘텐츠 제작은 취소했습니다.

일주일 안에 도움이 될 만한 것들을 말하자

트렌디한 글은 그 인사이트 자체의 신선함도 중요하지만 실제로 활용 가능한지가 중요합니다. 그런데 이 '활용 가능'이란 게 꼭 실무에 쓰이거나 액션을 만드는 '정보(information)'를 의미하는 게 아닙니다. 하나의 '의견(opinion)'이라고 해도 활용 가능할 수 있습니다. 독자가 여러분의 의견을 다른 자리에 가서 자신의 생각이었던 것처럼, 또는 '그들이 말하길…' 이런 식으로 구두 전파하는 것도 활용 방안 중에 하나입니다. 때문에 여러분들이 트렌디한 글을 쓸 때는 '독자가 말로 그대로 옮길 수 있는' 문장들을 써주셔야 합니다. 어렵고 전문적으로 쓰시면 안 됩니다. 독자들이 독서모임, 네트워킹파티, 소소한 미팅, 일 얘기만 하는 술자리 등에서 분위기를 싸하게 만들지 않으면서 말할 수 있을 정도의 진지함이어야 하죠.

> 너 그거 알아? 이번에 OO이 OOO이라는 서비스를 새롭게 만들었는데 그게 사실 OOO해서 그런 거래. 앞으로 몇 년 안에 전기차 시장에 지원금이 엄청 풀리면서 생산 비율이 바뀔 거라는데 이거 인사이트 리포트에서 봤거든? 이제 진짜 10년 안에 OOOO가 시작되는 거야.

이 정도 말투로 전달할 수 있으면 딱 적당할 것 같습니다. 인사이트가 아닌 실무팁도 마찬가지입니다. 바로 써먹을 수 있는 '영상을 다루는 사람을 위한 맥 최적화 열 가지 필수 꿀팁' 이런 게 아니라면 적어도 일주일 안에 발생할 만한 일 위주로 제목과 콘텐츠를 뽑아줘야 저장이나 즐겨찾기 등록을 유도할 수 있습니다. 이를테면 '프리미어 에러메시지별 대처방법 30가지' 같은 식으로 '반드시 생길 것 같은데 그 일 생기면 봐야지!'라고 생각할 수 있는 수준의 정보가 좋습니다.

민감한 정보를 다루는 최소한의 방어선

일전에 해외유학 관련 업체와 일한 적이 있습니다. 마케팅 메시지를 제작하고 감수하는 일이었죠. 내부에서 다양한 의견들이 나왔습니다. 그중 최종 A/B테스트를 진행하기 위해 뽑힌 두 개의 문장을 보는데 꽤나 등골이 오싹했습니다.

한국은 답이 없다, 해외 취업이 답이다.

바로 이 문장이 떡 하니 적혀 있었던 것이죠. 내부에선 꽤나 재미있고 자극적인 문장이었나 봅니다. 아마 영업하시는 분들끼리 우스갯소리로 하는 말이었겠죠.

놀랍게도 그 문장은 내부에서 꽤 많은 지지를 받았습니다. 하지만 저와 대표님의 반대로 채택되진 않았습니다. 그 문장이 실제로 반영되었다면 어쩌면 꽤나 인기가 있었을지도 모릅니다. 하지만 누군가 불만을 제기하기 시작하면 기삿거리가 될 수도 있는 위험한 문장이었죠.

코로나로 인해 온 국민이 두려움에 빠졌던 2020년 봄, 한 기업에서 '확찐자'라는 말을 광고 속에 넣었다가 곤란한 상황에 처한 일이 있었습니다. 친구끼린 할 수 있지만, 공식 채널에선 사용하면 안 되는 말이었죠. 글이란 건 상황과 프레임에 따라 굉장히 다양한 색깔로 바뀝니다. 글은 상상력을 무기로 사람들의 무의식을 파고듭니다. 제각각 다른 상상력과 선택적 인지가 합쳐지면 예상치 못한 반응을 불러일으키기도 하죠.

글이 공격받는 이유는 아주 다양하지만 단순하게 열 가지로 정리해보면 이렇습니다.

① 정보가 틀려서
대부분은 정정을 요청하는 댓글 정도로 그치지만, 정말

중요한 정보들. 특히 독자들이 민감해하는 정보들에 대해서 잘못 썼을 경우엔 공격의 강도가 매우 심해집니다. 예를 들어 비정규직 착취, 하청업체 갑질로 논란이 많은 업체를 선사례로 사용한 경우 등입니다.

② 약자를 공격해서

여기서 약자란 실제 사회적 약자뿐 아니라 본인들이 '약자'라고 생각하거나, 상대적으로 약자로 여겨지는 사람들입니다. 세입자와 임대인의 경우엔 세입자가 약자고, 클라이언트와 프리랜서의 경우엔 프리랜서가 약자가 될 것입니다. 글에 가시를 담고 싶다면 그 방향을 잘 선택하셔야 합니다.

③ 극단적이어서

주장이 너무 강하면 맞는 말이라도 반박하고 싶어집니다. 예를 들어 스타트업계에 대한 콘텐츠를 제작한다고 했을 때 분명 밝은 면도 어두운 면도 있을 것입니다. 하지만 팩트 폭력을 하겠다고 잘못된 면만 너무 강조하거나, 결국 다 깨져 없어져야 한다고 주장한다면 사람들의 동의를 얻기 쉽지 않겠죠.

④ 나와 달라서

특히 육아, 출산, 결혼, 군대, 직장 경험 등 생애주기에 관련한 콘텐츠에서 자주 발생하는 이슈입니다. 누구나 자신이 고생해서 이뤄온 삶이 옳다고 여기고 싶어 합니다. 다수의 글을 통해 충분히 이해가 이루어지는 상황이라면 모르겠지만, 글 한 편만으로 나와 다른 사람의 삶을 흔쾌히 인정하는 일은 쉽지 않을 수 있습니다.

⑤ 이해가 안 되어서

전체적인 맥락이 이해되지 않으면 부분을 공격당하기 쉽습니다. 단어나 문장 하나의 문제가 더욱 부각되죠. 독자들은 공부를 하기 위해 콘텐츠를 보지 않습니다. 때문에 지문 독해하듯이 앞뒤 문장의 맥락을 해독하기 위해 노력하지 않습니다. 맥락이 끊어진 문장은 위험합니다. 자칫 극단적으로 보이거나, 근거가 없어 보일 수도 있죠.

⑥ 잘난 척하는 것 같아서

독자들은 어려운 용어를 너무 많이 사용하거나 괜히 말을 꼬아 쓰는 것을 좋아하지 않습니다. 일전에 한 웹툰 작가를 비판하는 미술평론가의 글이 올라온 적이 있었습니다. 하지만 너무 어려운 단어와 무슨 말인지 모르겠는 문장 때문에 오히려 그 평론가의 글이 공격받는 일이 있었습니다.

⑦ 남들이 욕해서

정당한 비판과 분노, 의사 표현의 악플도 있지만 그저 발도장처럼 남기는 악플도 있습니다. 본문보다 댓글을 먼저 보는 사람들도 많습니다. 본문을 읽은 후 댓글을 보고 태도를 결정하는 사람들도 많죠. 콘텐츠에 대한 태도는 객관적이지 않습니다. 일종의 흐름과 같죠.

⑧ 메신저가 싫어서

말하는 사람이 마음에 안 들면 그가 말한 모든 메시지를 싫어할 수 있습니다. 그게 옳은지 그른지는 중요하지 않습니다. 메시지가 마음에 안 들면 메신저를 공격하듯, 메신저가 마음에 안 들어도 메시지를 공격합니다.

⑨ 불편해서

부동산 문제, 평등의 문제, 페미니즘, 사회적 약자에 대한 문제, 환경 문제, 자본주의의 문제 등 사회적으로 논의되어야 할 수많은 주제들이 있습니다. 하지만 이런 주제들은 자칫 독자들에게 죄책감을 주기도 하죠. 진실은 필요하지만 아름답진 않습니다.

⑩ 보편적 정서에 어긋나서

코로나 얘기를 한다거나, 교회에 대한 얘길 한다거나, 택배기사나 어떤 영화감독에 대한 이야기를 할 수도 있습니다. 항상 글의 소재가 존재합니다. 그리고 소재를 향한 대중들의 정서도 존재하죠. 가볍게 얘기할 수 있는 시기가 있고, 매우 조심히 다루어야 할 시기도 있습니다. 이런 소재들은 자칫 '그때는 맞고 지금은 틀리다' 식의 태도 변화가 이루어질 수 있기 때문에 적절한 시기에 콘텐츠의 지속 여부에 대해 고민해볼 필요가 있습니다.

이처럼 글이 욕을 먹는 이유는 너무도 다양합니다. 어느 쪽이든 모두를 만족시킬 순 없습니다. 모든 걸 방어하다 보면 결국 아무것도 아닌 글이 되겠죠. 최소한 세 가지만 체크해보도록 합시다.

우선 마지막에 말했던 내용인 보편적 정서 부분에 신경 씁시다. 기업 광고나 콘텐츠를 위해 글을 발행할 땐 주로 시기에 적절한 소재를 다루기 마련입니다. 때문에 현재 가장 이슈가 되는 키워드들이 주를 이룹니다. 2020년에 크게 생각나는 키워드를 떠올려보면 '재택근무', '사회적 거리두기', '택배 기사', '독감 백신', '부동산 정책', '동학개미운동', '자기계발서' 등이 있습니다. 꼭 다수의 의견을 따라야 하는 건 아니지만, 적어도 그것을 부정하는 뉘앙스는 지양하는 걸 추천합니다. 가급적 보편적인 태도에 적합한 태도를 취하거나, 만약 비껴간다고 해도 부드럽게 우회하는 방식을 쓰셔야 합니다.

두 번째는 근거와 근거에 대한 분석이 명확한지 확인하는 것입니다. 우리 서비스에 대한 홍보 글을 쓰기 위해 타 업체 자료를 끌어다 쓰거나, 통계자료를 활용할 때가 많습니다. 이 통계자료가 신뢰할 만할 자료인지 확인하는 것은 필수죠. 예를 들어 과학적/역사적 근거나 어떤 성현의 명언을 가져다 쓸 때도 다시 한 번 체크해보셔야 합니다.

예를 들어 버나드 쇼의 묘비문구로 유명한 '우물쭈물하다 내 이럴 줄 알았지'라는 문장, 매가 자신의 날개를 뜯어

환골탈태한다는 내용의 우화, 1 : 1.618의 황금비율 등은 모두 거짓으로 알려졌습니다.

마지막은 위험한 단어나 표현들을 찾아내는 일입니다. 젠더 감수성에 저촉되는 단어나 비속어, 특히 극우 커뮤니티 사이트에서 사용되는 단어들이 그것입니다. 유행하는 단어라고 해서 체크 없이 사용하는 것은 위험합니다. 정확한 뜻과 어떤 뉘앙스로 사용되고 있는지 등을 잘 확인해봐야 하죠.

모든 걸 지켰음에도 업로드 후 어떤 이유로 수많은 비난을 받게 된다면 여러분이 하실 일은 바로 이것입니다. 루머엔 무대응으로, 피해엔 무관용으로. 틀린 건 정정하고, 잘못된 건 사과하는 일이죠.

업로드하기 전까진 콘텐츠에 대한 반응을 짐작하기 어렵습니다. 그래서 요즘 저를 비롯한 글을 쓰는 많은 콘텐츠 발행자 분들은 소위 '자체 검열 수단'이 있습니다. 다섯에서 열 명 정도의 지인들에게 먼저 글을 보여주고 크게 거슬리는 부분이 없는지 확인 후 업로드하는 방식을 택하는 것입니다.

사내에서 콘텐츠를 발행할 때도 단순히 제작자와 대표의 컨펌만으로 진행하는 건 위험합니다. 대표님들이 글을 꼼꼼히 읽어볼 정도로 한가하진 않을테니까요. 글을 쓰고 업로드하는 실무자가 스스로를 방어해야 할 수도 있습니다. 단순히 정보를 올리는 글이라고 할지라도, 세 명 이상의 다수에게 꼭 검수를 받고 업로드하시길 권장합니다.

콘텐츠를 만들면서, 특히 글을 쓰면서 다양한 반응을 각오해야 하는 건 당연하지만, 그럼에도 사실 여부를 떠나 비난을 받는 일은 매우 힘듭니다. 저도 글을 쓰며 다양한 악플이나 비난을 경험했습니다. 정말 힘들더군요. 한 번씩 폭풍이 몰아치고 나면 다시 손을 움직이기가 힘들 겁니다. 자기검열도 심해지고, 한 문장도 쓰지 못하고 무너지기도 하죠. 그런 과정들이 성장의 밑거름이 되기도 하겠지만, 굳이 사서 일을 만들 필요는 없습니다. 글 쓰는 사람뿐 아니라 읽는 사람들도 예상치 못하게 상처받기도 하니까요. 서로를 위해 조심 또 조심해야 합니다.

유머와 위트를 첨가하는 법

저는 글에 자연어를 많이 사용하는 편입니다. 개그 요소를 넣으려고 의도한 것은 아니지만, 말을 하다 보면 자연스레 섞이는 농담들이 있습니다. 제 브런치 독자분들은 그걸 많이 좋아해주셨는데요. 예시로 지금까지도 많은 분이 읽어주시는 '회사 소개서를 만들어보자!'라는 글에서 한 문단을 가져와보았습니다.

당신들은 어떤 사람들인지 규정해주세요. '나는 대표다, 직원이다' 이런 거 말고…. 무슨 일을 하는지는 중요하지 않습니다. 우리가 규정해야 하는 것은 성격입니다. '우리는 누구다!'라는 거. 예를 들어 '우린 끊임없이 배우는 사람들이야! 우린 범사에 진지해! 우린 덕력이 충만해! 우린 사회문제를 늘 고민해! 우린 현장을 사랑해!! 우린 미쳤어!!'와 같은 것들이죠. 우리 팀원들이 지닌 고유하고 공통적인 아이덴티티를 잡아주세요. 비지니스를 움직이는 건 결국 사람이고, 그 성격과 기질이 모여 고유의 색깔을 드러냅니다.

보통 이런 식으로 글을 씁니다. 뭔가 빵 터지는 요소들을 넣으려 하기보단 흘러가는 일상 언어에서의 유쾌함을 추구하는 편이죠. 방식이야 어떻든 글을 쓰는 사람들에게 위트 있고 재미있는 글은 늘 어려운 영역입니다.

최근의 글에선 단순한 유행어 사용이 아닌 '필력'을 더 우선시하고 있습니다. 사전적 의미의 필력이 아닙니다. 온라인 상에서 '필력좋다!'는 말은 쭉쭉 잘 읽히는데 흥미진진하게 빠져드는 글에 선사하는 일종의 훈장 같은 표현입니다. 글이 먹히지 않을 것이라고 생각했던 인스타그램에서 글로 가득한 홈플러스의 '소비패턴 콘텐츠'가 대박을 터뜨렸던 이유는 다름 아닌 기발하고 재미있는 필력 덕분이었죠.

재미있는 글을 쓰고 싶다면 웃음의 원리를 한 번 생각해볼 필요가 있습니다. 웃음은 크게 세 가지 방식으로 발생합니다.

1) 육체적, 심리적 긴장 상태가 해소될 때
2) 집단에 속하고 싶을 때. 적의가 없음을 나타내는 용도
3) 옆 사람이 웃어서

우선 긴장 상태의 해소는 이렇습니다. 문지방에 새끼발가락을 찧었을 때 소리도 못 지른 채 몸을 웅크리는 경험을 해보셨을 겁니다. 사람마다 다르겠지만 이내 너무 아파서 웃음이 터져나올 때가 있죠. 이는 고통을 줄이기 위한 신체 반응과 더불어, 잔뜩 놀랐던 마음이 다시 정상 상태로 돌아가려는 심리적 반응이기도 합니다. 이처럼 예상과 다른 결말을 맞이했을 때나 예상치 못한 상황에 맞닥뜨릴 때 사람들은 긴장 상태에 놓입니다. 그리고 이 긴장을 어떤 방식으로든 해결하려고 하죠. 이런 상황에서 웃음은 좋은 방법 중 하나입니다. 아주 고전적인 개그물의 기본 패턴인 '이러이러했는데 어떻게 됐게?'라고 물어보는 방식에서도 이를 확인할 수 있습니다. 항상 웃음의 포인트는 결말에 있습니다.

다만, 시대가 바뀐 만큼 '재미있는 얘기해줄게!'라는 식의 '각 잡고 썰 푸는' 개그는 통하지 않죠. 상황을 뒤트는 문장들이 더 유쾌하게 느껴집니다.

> 행복을 돈으로 살 수 없다면, 혹시 돈이 모자란 건 아닌지 생각해봅시다.
> **평범한 문장 :** 돈이 부족해서 행복하지 않은 것입니다.

> 노인코래방이라는 단어를 봐버렸고, 이제 다시는 예전으로 돌아갈 수 없다.
> **평범한 문장 :** 노인코래방이란 단어를 보고 나니 입에서 계속 맴돌았다.

> 똥이 나오지 않는다. 이제 난 잘하는 게 하나도 없다.
> **평범한 문장 :** 난 똥 싸는 것 이외엔 할 줄 아는 게 없다.

너무 힘을 줄 필요는 없습니다. 문장의 위치를 뒤바꾸거나 '맴돌았다'라는 표현을 '예전으로 돌아갈 수 없다'라는 표현으로 치환하는 정도의 짧은 반전이 좋습니다. 쓰는 사람은 정작 무표정한 표정으로 가볍게 농담을 친 후 넘어가는 모습 같은 것이죠. 대놓고 개그 욕심을 드러내면 읽는 사람도 부담스럽습니다.

중요한 건 표현의 다양성입니다. 같은 표현을 의미의 왜곡 없이 다른 방식으로 표현해야 하죠. 바로 이 부분에서 공감에 의한 웃음을 만들어낼 수 있습니다. 예를 들어 아침에 일어났는데 9시 5분이었습니다. 지금부터 준비해도 반드시 지각이죠. 눈을 딱 떴을 때의 느낌을 한 번 표현해봅시다. 가장 일반적인 표현은 '일어나서 시계를 보곤 엄청 놀랐다' 정도일 것입니다. 의미는 분명하지만 재미는 없죠. 너무 직설적이고 명쾌하니까요. 독자에게 상상할 여유를 주지 않습니다.

이 표현을 바꿔봅시다. '아침에 눈을 떴는데 너무 상쾌하고 묘하게 고요했다' 정도면 어떨까요. 일반적으로 출근시간에 맞춰 일어났을 때 상쾌한 사람은 굉장히 드물 것입니다. 상쾌하단 것은 아주 늦게까지 푹 잤다는 것을 암시하고 있죠. 살면서 한 번쯤은 경험해봤을 상황을 그려주면서 자연스레 '지각'이란 상황이 떠오르게 만듭니다. 독자들은 필자가 말하지 않은 나머지 부분을 상상으로 채워가며 자신을 글에 대입시키기 시작하죠. 웃음과 공감은 여기서부터 시작됩니다. 독자와 필자는 글을 통해 일련의 관계를 맺습니다. 독자는 생각합니다. 나를 가르치려고 하는지, 질책하는지, 또는 함께 웃자는 것인지. 독자의 상상을 채워 넣을 공간을 주거나(신동엽의 토크를 생각해봅시다), 일반적인 사람들이 겪을 만한 상황을 쉽게 풀어 묘사해주는 방식은 친근감을 만들어낼 수 있습니다. 나도 너와 같은 편이라고 글을 통해 말하는 것이죠.

이런 재미를 추구하는 글에서 가장 조심해야 할 것은 역시 '무리수'입니다. 차라리 평범한 문장들이라면 재미는 없을지언정 문제가 되진 않습니다. 하지만 개그를 치려고 잘못된 선을 건드리면 자칫 논란을 초래할 수도 있죠. 특히 기업 관련 포스팅이라면 더더욱 조심해야 합니다.

위트는 모든 걸 구체적으로 말하지 않고 적당한 시점에서 끊는 센스, 그리고 같은 말이지만 다른 표현으로 신선함을 주는 센스가 핵심인데 지나치면 무리수가 될 수 있습니다. 친구들과 농담을 주고 받을 때의 상황을 생각해봅시다.

가끔 어떤 친구가 농담을 하는데 이게 진담인지 뭔지 애매하다면 분위기가 차가워질 수도 있죠. '내가 하는 말은 지금 농담이야'라고 분명히 규정하고 얘기를 해야 합니다. 예를 들어 직장 상사와 갈등이 심해 불만을 토로하는 중입니다. 상사가 싫다는 표현을 이렇게 단계별로 풀어보겠습니다.

- 1단계: 내 상사는 너무 짜증나.
- 2단계: 아 진짜 한 번만 때려보고 싶다.
- 3단계: 난 가방 속에 커터 칼을 항상 가지고 다녀.
- 4단계: 내 두 번째 서랍엔 이미 총이 있어.

1, 2단계까지는 일반적인 문장입니다만, 농담을 한다고 3단계처럼 말하면 분위기가 굉장히 묘해집니다. 본인은 농담이라고 말하지만 주변 사람들은 불편하거나 무섭게 느낄 수도 있죠. 이게 농담인지 아닌지 헷갈리는 수준이니까요. 하지만 4단계 수준으로 과장하면 누가 봐도 그럴 수 없다는 걸 알기에 그냥 웃으며 넘어갈 수 있습니다. 이렇듯 사람들이 느끼는 불편함의 경계선을 잘 파악하는 능력이 중요합니다.

결국 위트와 개그는 어떤 공식이나 법칙에 의해 만들어지는 게 아니라, 관찰과 이해에서 비롯됩니다. 사람들이 민감해하는 지점이 어디까지인지 파악할 수 있어야 하고, 어디까지 과장을 해야 하는지, 어디까지 말하면 나머지를 유추할 수 있는지 등을 끊임없이 고민해봐야 하죠.

말 잘하는 연예인들의 토크나, 위트가 가득한 댓글들을 꾸준히 관찰하세요. 가볍고 잘 읽히는 글을 쓰는 작가의 글을 필사하거나 통째로 소리 내어 읽어보는 것도 좋은 방법입니다. 그리고 거듭 말씀드리지만 이렇듯 사람들의 감정을 움직이는 요소들을 집어넣을 때는 자칫 큰 오해를 부를 위험도 함께 높아집니다. 반드시 콘텐츠를 작성한 후 주변 사람들에게 미리 보여주어 감수를 받도록 합시다.

기획한 건 안 터지고 대충 쓴 글이 터질 때

제 브런치에 업로드된 글은 약 250여 개 정도입니다. 그중 조회수와 공유 등이 가장 많았던 상위 10위권의 글들을 살펴보았습니다. 이 글들엔 한 가지 특징이 있었죠. 바로 급하게 썼다는 점이었습니다. '넵병' 글은 한창 취했던 어느 날 새벽에 잠이 오지 않아 썼던 글이고, '판교사투리' 글은 비가 너무 많이 와 그치길 기다리는 동안 카페에서 한 시간 만에 썼던 글이었습니다. '클라이언트 용어 정리' 글도 클라이언트와 술 한잔 마시고 돌아와 자기 전에 썼던 글이었죠. 이렇다 보니 소위 '터지는 글'이라는 게 새벽, 급하게, 술 마시고, 감정이 격해졌을 때 등의 조건이 갖춰져야 하는 것인가 의문도 들었습니다.

반대로 정말 터지고 싶어서 잔뜩 기획해 작성한 글들은 대부분 뒤로 밀려나 있었죠. 상황이 이렇다 보니 이런 생각마저 들었습니다. '직관은 좋은데 기획은 못하는 건가.'

물론 제 사업에 직접적으로 관련 있는 글들은 어느 정도의 트래픽을 만들어냈습니다. 다만 불특정 다수가 아닌 제 클라이언트가 될 사람들에게 초점이 맞춰진 글들이었죠. 정보나 가이드적인 측면이 강해 공유보다는 검색 등을 통해 들어온 경우가 많았습니다. 키워드도 검색했을 때 가장 잘 보일 수 있는 직관적인 키워드를 선정했었죠. 이를테면 '회사 소개서를 만들어보자!' 등의 제목이랄까요.

회사에선 정말 다양한 글들이 만들어지는데, 크게 세 가지 종류의 글로 나뉩니다. 제안서, 소개서, 공지사항 등 공식 채널에서 소비자에게 내용을 '전달'해야 하는 글과 웹/앱 상의 버튼, 안내, 신청, 가입 등 '행동 유발'을 목적으로 하는 글, 마지막으론 브랜드의 색을 드러내기 위해 만드는 스토리나 광고, 마케팅 메시지, 텍스트 콘텐츠입니다. 여러분이 '터지는 글'을 원한다면 대부분 세 번째에 해당하는 글을 작성하는 중이겠죠.

그렇다고 회사에서 발행되는 글을 저처럼 술 먹고 새벽에 쓸 순 없는 노릇입니다. 하지만 막상 기획해서 각 잡고 쓰려고 보면 재미없는 글이 나오는 것도 답답하죠.

기획은 잘못이 없다

사실 '기획을 하면 안 터지고, 대충 쓰면 터진다'는 말엔 다른 의미가 숨겨져 있습니다. 기획 자체가 잘못되었다는 소리가 아니죠. 막 쓴 글이 터지는 이유는 특유의 생동감과 자연스러움 때문입니다. 썰을 푸는 듯한 흥미로운 스토리와 무겁지 않은 문체, 감정이 섞여 드러나는 인간미와 솔직함 등에서 매력이 태어나죠. 깊은 생각이나 논리보단 감정의 매듭으로 묶여 있는 '말에 가까운 글'입니다.

기획한 글이 터지지 않는 건 기획의 잘못이 아니라 정확히는 '긴장감'의 문제입니다. 우리가 기획해야 하는 건 글의 구성과 치밀한 개요입니다. 그 글을 통해 이루고자 하는 목적이 너무 강조되어서는 안 되죠. 회사에서 발행되는 글은 대부분 목적을 지니고 있습니다. 매출 증진이나 회원 유치, 고객 유입, 상품 소개 등이죠. 자세히 바라보면 모두 회사 입장에서 이득이 되는 것들입니다. 이런 글을 본 독자들은 강요당하는 느낌을 받게 되고, 글에 녹아 있는 욕심에 부담을 느끼게 됩니다. 책을 팔고 싶다면 '이 책이 정말 좋다!'라고 끊임없이 얘기하기보단, 그 책을 정말 맛깔나게 소개하다가 너무 궁금해질 만한 지점에서 끊어버리는 것이 더 효율적입니다. 결말이 궁금해서 책을 스스로 찾아보게끔 하는 것이죠. 목적을 이루는 건 중요합니다. 그게 여러분이 글을 쓰는 이유이니까요. 우리는 그 목적을 어떻게 드러낼지 고민해야 합니다.

단순히 우리 상품이 좋다, 멋지다, 가입해라, 지금 가입하면 쿠폰을 준다고 말할 수도 있습니다. 반면 독자들이 이 상품을 필요할 만한 상황을 묘사하고 그 상황에 대처하는 열 가지 방법을 제시해주며 자연스럽게 우리 제품을 녹일 수도 있죠. 독자는 글을 통해 소통하길 원합니다. 앞에서도 말씀드렸듯 독자들은 글에 개입하고 싶어 하죠. 자신의 경험을 녹이고, 상상을 채워 넣고 싶어 합니다. 그렇게 글과 개인의 경험이 만날 때 몰입감이 발생하죠.

글이 판단의 요소가 되어선 안 됩니다. '좋다!'라고 외치는 글을 보며 독자들은 '별로던데?' 또는 '광고네' 등의 판단을 하기 시작합니다. 글의 내용보단 쓰여진 목적 자체에 거부감을 보이는 것이죠.

매력을 기획하다

우리가 기획해야 하는 건 단순히 주 1회 발행되는 글의 목차와 제목, 글이 달성해야 할 목표 수치가 아닙니다. 글 자체의 구성과 플롯, 표현을 기획하는 것이 더 중요하죠. 우리에겐 많은 아이디어가 필요합니다. 이야기를 다양하게 조립하고 표현하려면 일단 많은 종류의 이야기를 알고 있어야 하죠. 그리고 글을 접하는 독자들의 상황과 감정을 함께 읽어낼 수 있어야 합니다. 일전에 한 북카페의 메뉴판을 기획했던 적이 있습니다. 일반적인 카페의 메뉴판이라면 당연히 메뉴와 가격이 적혀 있죠. 하지만 북카페라는 정체성을 메뉴판에도 녹여보고 싶었습니다. 그래서 한 메뉴당 한 페이지씩 관련된 소설을 써 내려갔죠. 아이스아메리카노, 카페라테, 레몬에이드, 밀크티 등 각 메뉴를 소제목처럼 활용해서 24페이지 분량의 미니소설로 만들어 보았습니다. 옴니버스형식이지만 마지막엔 모두 이어지는 짧은 소설이었습니다. 반응이 좋았습니다. 인스타엔 메뉴판 사진이 올라오기 시작했고, 사람들은 메뉴판을 가져가서 정독하기도 했죠. 손님이 많아졌을 땐 기다리며 읽을거리가 생긴 셈이고, 손님이 없을 땐 여유롭게 색다른 메뉴판을 감상할 기회가 주어집니다.

이 메뉴판을 기획했을 때 떠올린 포맷은 '난쟁이가 쏘아올린 작은 공'이었습니다. 한 명의 화자가 다양한 독립된 다양한 사건을 묘사하는 피카레스크식 구성을 사용해보기로한 것이죠. 카페란 공간은 마음에 들면 자주 방문하는 곳이고, 방문할 때마다 새로운 사람과 사건에 부딪히면 재미있겠다는 생각이 들었습니다.

이처럼 옴니버스식, 피카레스크식, 단일 구성, 복합 구성, 액자식 구성 등 다양한 글의 포맷을 머릿속에 담아두고 있으면 다양한 아이디어를 만들어내는 데 큰 도움이 됩니다. 표현 방식에서도 직유, 은유, 상징, 풍유, 활유 등 다양한 수사법을 떠올릴 수 있다면 아주 다채롭고 흥미진진한 글을 만들어낼 수 있겠죠.

같은 가입 권유 글이라도 꼭 회사 입장에서 얘기하기보단 독자가 화자가 되어 '가입하라고 권유받았다'는 식의 글을 쓸 수도 있습니다. 시점을 전환하는 것이죠.

이처럼 글을 기획한다는 건 달성하고자 하는 궁극적인 목표와 방향성, 타깃은 마음속에 담아둔 채 그것을 매력적으로 표출할 수 있는 방법을 만들어내는 것에 가깝습니다.

대충 쓴 글은 터지지 않는다

아이러니하지만 대충 쓴 글은 터지지 않습니다. 새벽에 급하게 술 먹고 썼던 글들과 업무를 위한 목적으로 썼던 글을 구분 짓기 위해 쓴 말일 뿐, 글을 쓰기 위해 자리에 앉아 3~4시간을 집중하여 단어를 조합해가는 과정은 언제나 치열합니다. 글을 쓰기 전 기획을 구체적으로 하지 않았을 뿐이지, 늘 머릿속엔 관찰했던 풍경들과 메모가 있었을 것이고 항상 생각하고 있던 무언가가 타이밍이 맞아 표출되었을 뿐이죠. 그 방식이 유려하거나 세련되지 않았을지라도 투박함과 솔직한 매력이 부족한 기획력을 보완해준 것입니다. 그러니 여러분의 예상과 다르게 글이 퍼져나간다면 그것은 반드시 여러분의 내공이 만들어낸 결과물입니다. 종이에 쓰지 않았을 뿐 늘 기획은 하고 있었던 셈이죠. 저 또한 터지는 콘텐츠의 정확한 공식은 알지 못합니다. 그러나 이것은 분명합니다. 아무것도 보지 않고 생각도 없이 그냥 휘갈긴 글은 결코 터지지 않습니다. 직관 또한 실력이죠. 다만 그걸 어떤 명제로 규정하거나 인지하기 어려울 뿐. 여러분은 결코 글을 대충 쓰지 않았습니다.

2장

반응을
이끌어내는
디레일의 힘

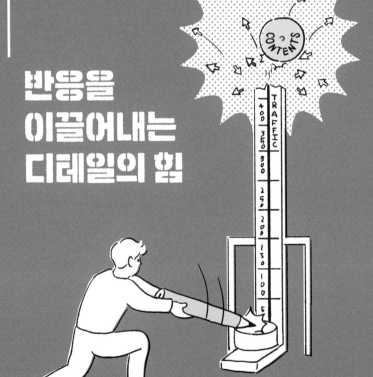

재미를 만드는 구조

재미를 이야기할 때 늘 나오는 단어는 '공감'입니다.

'공감을 이끌어내야 재미있다!', '공감 가는 글을 쓰고 싶다!', '좀 더 공감 가는 소재가 없을까요?' 등의 질문은 콘텐츠를 만드는 사람들에겐 항상 따라다닙니다. 하지만 재미있는 글에서 중요한 것은 좀 더 본질적인 요소입니다.

여기에는 세 가지 조건이 있죠. 맥락, 유창성 그리고 긴장과 이완입니다. 흔히 공감에서 재미가 생긴다고 말하는 건 맥락의 일종입니다. 전후 관계를 파악할 수 있고, 상황을 지배하는 감정을 이해할 수 있을 때 우린 '공감한다'라고 말합니다. 반대로 고양이를 키우지 않는 사람들도 고양이 콘텐츠를 재미있게 볼 수 있고, 운전을 배우지 않아도 운전

연수 썰을 들으며 폭소를 터뜨릴 수 있습니다. 공감은 상황을 좀 더 직관적으로 이해할 수 있게 만드는 요소이자, 주제에 대한 암묵적인 동의를 획득하는 장치일 뿐이죠. 반드시 소비자의 경험과 콘텐츠가 일치할 필요는 없습니다.

그것보다 더 중요한 건 '구조화'입니다. 재미가 없다는 건 글이 구조화되지 않았다는 뜻과도 같습니다. 회사에서 발행하는 콘텐츠에는 특유의 언어와 말투, 콘텐츠 소재의 결이 필요합니다. 흔히 '컨셉'이라고도 하죠. 한 사람이 쓰는 듯한 느낌을 부여하기 위해선 브랜드 내부적으로 언어의 체계를 구축해야 합니다. '브랜디드 콘텐츠'라는 단어는 여기에서 출발합니다. 독자들은 본능적으로 여러분이 쓰는 글이 브랜딩되어 있는지를 간파할 수 있습니다. 단순한 소재의 기획을 넘어 단어 선택과 주제를 풀어내는 방식의 일관성을 통해서 말이죠.

어떤 소재를 쓰느냐도 중요하지만, 같은 소재라도 다른 시각에서 관찰하거나, 독특한 방식으로 풀어냄으로써 완전히 다른 콘텐츠가 될 수 있습니다. 우리가 더욱 익숙해져야 하는 것은 이런 부분이죠.

'그걸 어떻게 재미있게 풀어내요…. 이미 재미없는 소재인걸요'라는 한숨을 종종 듣습니다. 이렇게 한 번 생각해보겠습니다.

쓰지 않는 집 안의 짐들을 대신 보관해주는 짐 보관 서비스를 운영하는 회사가 있었습니다. '집에 잔뜩 쌓인 짐을 창고에 보관해야 하는 필요성'에 대해 어필하고 싶어했죠. 무엇부터 시작해야 할까요? 보통은 '왜 짐을 보관해야 할까?'라는 질문에 답을 내려고 합니다. 결론을 정해놓고 시작하죠. 하지만, 우리에게 필요한 건 '짐을 바라보는 관점'입니다. 그리고 전제를 만들어야 하죠. 이야기를 풀어나가기 위해선 '짐이 무엇인가?'에 대한 답변을 먼저 만들어야 합니다. 사람들이 짐 보관 서비스를 이용하는 건 그걸 버리고 싶어서가 아닙니다. 소중하게 보관되길 원합니다. 다만, 지금 나의 공간이 비좁고 당장 쓰지 않을 것들이니 우선순위를 만들려는 것입니다. 놀라운 단어가 나왔네요.

우선순위

'아! 공간에 존재하는 물품에는 위계가 존재하는구나!'라는 결론에 다다릅니다. '지키고 싶은 것을 꼭 집어 남기는 지혜가 필요한 것이구나. 그렇다면 소비자의 집에 있는 각각의 사물에 위계를 만드는 것부터 이야기해보자.' 위계는 무엇에서 비롯될까요? 사연, 필요도, 활용 정도, 비상용 등 다양한 기준이 존재할 것입니다. 우리의 이야기는 여기에서 시작해야 합니다.

이처럼 글을 쓰려는 대상의 속성을 분해해서 큰 전제를 만드는 것이 맥락을 만드는 첫걸음입니다. 큰 전제가 잡히고 나면 여기서 파생되는 다양한 주제들이 만들어집니다.

주제가 잡히면 글은 유창성의 단계로 넘어갑니다. 유창함이란 글을 길고 유려하게 쓰는 게 아닙니다. 앞문장과 뒷문장의 유기성을 의미하죠. 서사적 구조나 공간에 따라 서술할 때 우린 편집점을 생각해야 합니다. 매 초마다 흐르는 모든 사건을 적을 순 없습니다. 그렇다고 너무 많은 시간을 생략하면 맥락이 끊어지게 되죠.

녀석은 열기가 식지 않은 자동차 엔진 아래에서 놀란 눈으로 나를 바라보고 있었다. 얼마간의 대치가 끝난 후 결국 조심스럽게 걸어 나온 녀석은 내 다리 사이에서 두세 번 체온을 나누었다. 한 걸음 떨어진 거리에서 녀석은 나와 동행했다. 결국 집 앞에서 몇 번의 울음으로 나를 망설이게 했고, 정신을 차렸을 땐 이미 욕조에서 흠뻑 젖은 채 신경이 날카로워진 그와 함께하고 있었다.

위 글을 살펴보겠습니다. 공간의 변화에 따라 서술한 글인데 여기서 '자동차, 길, 문 앞, 욕실'로 공간이 이동합니다. 작은 곳을 클로즈업했다가 큰 길로 확장시키고 다시 문과 욕실로 들어가며 시야가 좁아집니다. 이 중간에 편의점에 들러 과자를 사거나, 엄마에게 걸려온 전화를 받는 등의 세세한 정보를 줄 필요는 없습니다. 중심은 고양이와 나의 풍경이니까요. 카메라는 이 둘을 중심에 두고 앞에서, 옆에서, 뒤에서 따라갑니다. 서술은 이처럼 구도와 편집점을 잡는 것이 중요합니다. 유창함은 여기에서 나옵니다. 했던 얘기를 다시 반복하지 않더라도 흐름을 통해 주제를 강조하는 배치라는 것을 알 수 있습니다.

마지막 '긴장과 이완'은 재미의 가장 큰 요소입니다. 글의 긴장감이 떨어지는 이유는 장황함 때문입니다. 하고 싶은 말이 많은 건 이해하지만, 어떤 종류의 콘텐츠 건 듣고 싶은 말을 중심으로 해야 할 말을 녹이는 게 중요합니다. 하고 싶은 말을 늘어놓으며 중간중간 재미있는 농담을 한두 개 배치하는 건 오히려 글을 망치는 지름길이죠.

이런 실수를 상당히 많이 합니다. '좀 센스 있게, 재미있는, 드립과 농담을 섞어서'라는 오더가 많은데 콘텐츠 만드는 사람들이 버려야 할 가장 큰 욕심 중에 하나입니다. 원래 글 자체가 가벼운 소재고 전체적인 톤이 개그스러운 느낌이라면 문제될 것이 없습니다. 글은 잔뜩 진지하고 정보는 복잡한데 이 분위기를 풀어보고자 갑자기 농담을 던지는 건 좀 당황스럽죠. 글은 첫 단어부터 마지막 단어까지 톱니바퀴처럼 돌아가는 유기체입니다. 가벼운 톤의 농담을 던지고 싶다면 글의 서두에 살짝 배치하고, 에피소드, 주위 환기, 본문 순으로 진입하는 것을 추천합니다. 양자역학에 대해 설명하고 싶다면 아래 예문 같은 오프닝으로 풀어내는 것이죠.

양자역학은 고양이에 대해 연구하는 학문이라고 합니

다. 슈뢰딩거는 고양이를 키우진 않았기에 사고 실험이 가능했을 것입니다. 생각해보면 저희 집에서 키우는 고양이는 절대 박스 안에서 당하고만 있진 않을 테니까요(박스를 찢어버리거나 귀여운 표정으로 그를 좌절시켰을 겁니다). 이 실험에 실제 고양이가 사용되었다면 저는 이 글을 쓸 수 없었을 것입니다. 가슴이 아프기 때문이죠. 이는 사고 실험이기 때문에 편한 마음으로 이 실험에 대해 자세히 알아봅시다. 양자역학은 기본적으로….

우린 너무 많은 글을 써왔습니다. 회사에서 쓰는 단어들은 정해져 있고 이미 여러분의 손과 입에 습관처럼 배여 있죠. 많은 클라이언트들이 이런 호소를 합니다(특히 대기업일수록).

'저희는 도저히 색다른 단어가 생각나지 않아요. 쓰던 용어들만 계속 나와서, 고객들이 쓰는 용어와 괴리가 있어요.'

기업에 고유한 언어가 생긴다는 건 바람직한 일입니다. 조직문화와 내부 브랜딩을 구축하는 첫 단추이니까요. 다만 우리의 언어 못지않게 우리 소비자들이 어떤 말을 쓰는지도 함께 파악해야 합니다. 우리는 타성과 익숙함에서 한

끗 벗어나는 일을 두려워해선 안 됩니다. 어색하고 적응되지 않아도 계속 타인의 언어에 집중해야 하죠.

재미있게 쓰려고 애쓰지 맙시다. '이야기'를 쓰려고 해야 합니다. 너와 내가 똑같은 재미를 느껴야 하는 것이 아닙니다. 다름과 생소함에서 오는 반전과 호기심이야말로 재미의 가장 큰 요소죠. 쓰는 여러분들 또한 나와 다른 세계를 엿보고 이해하는 것을 머뭇거리지 않아야 합니다. 과감히 그리고 매우 자주. 새로운 세상을 경험하고 새로운 단어에 노출되길 바랍니다.

육성지원되는 콘텐츠

수백만 원을 들여서 브랜딩 컨설팅을 몇 개월 내내 받았습니다. 비즈니스 모델도 손보고, 마케팅 전략도 일체화시키고, 로고와 슬로건도 재정비하고, 퍼포먼스 브랜딩 전략도 기똥찬 아이디어로 구축했습니다. 잘될 것 같아서 만세를 외치고 있는데 이게 웬걸, 정작 폭망의 이유는 단순한 것들에서 비롯됩니다. 얼기설기 대충 붙인 주소 라벨이나 전날 술 먹고 퀭한 얼굴로 불친절한 태도로 응대하는 점원의 삐딱한 짝다리 짚기 등이 그것이죠. 대부분은 기획안에 적히지도 않은 내용들이고, 예상치도 못했던 이슈들이 많아서 보통 이런 문제들이 브랜딩을 망친다고 쉬이 짐작하긴 어렵습니다. 그러나 한 번의 불친절과 어설픈 운영을 경험한 고객이, 친구에게 브랜드를 소개하는 멘트를 바꾸는 경험을 해본 적이 있을 겁니다.

"거기 써봤는데… 난 좀… 별로인 듯."

실무단의 브랜딩은 전문가들의 그것과는 조금 결이 다릅니다. 그들에겐 일이고, 노력이고, 몸을 움직여야 하는 것들입니다. 좀 더 디테일한 영역들이죠. 그리고 소비자와 굉장히 가깝게 맞닿아 있는 접점의 것들입니다. 저는 이러한 이야기들을 다뤄보고자 합니다. 바로 실무자들의 브랜딩에 대해서 말입니다.

이 글은 브랜딩의 성공을 위한 글이 아닙니다. 오히려 대폭망을 예방하는 차원의 디테일한 조언에 가깝습니다. 물론, 그 전에 브랜딩의 기본적인 개념은 한 번 정리를 해야 하겠죠. 브랜딩이 어떤 식으로 작용하는지 공급자와 소비자 입장에서 나누어 생각해보겠습니다.

"꼬!"

제가 브런치에 썼던 글 중 하나의 서두입니다. 이 글을 읽었던 제 지인은 저에게 이런 말을 하더군요. "글이 진짜 시끄럽다"라고 말입니다. 친한 지인이기에 놀리듯 던진 피드백이었지만, 저에겐 꽤나 인상 깊고 즐거운 피드백이었습니다. 글에서 수다스러운 글쓴이가 그려진다는 얘기와도 같았으니까요.

클라이언트 미팅을 갔을 때도 비슷한 얘길 듣곤 합니다. 온라인에서 제 글을 읽고 의뢰를 해주시는 경우가 많은데, '생각했던 것과 이미지가 많이 다르시네요!'라는 말을 많이 들었습니다. 생각했던 게 무엇이냐고 물어보니 '좀 더 나이가 많을 것 같았고 좀 시니컬하고 얼굴 하얀 느낌'이라고 말해주시더군요. 저는 이 말이 꽤나 의미 있다고 생각합니다. 글을 보며 누가 이 글을 썼을지 이미지가 그려진다는 건 놀라운 일입니다. 흔히 소설과 같은 문학작품에서 많이 보이는 현상이기도 합니다. 우리는 이처럼 글에서 사람이 그려지고, 목소리가 들리는 듯한 경험을 '육성지원된다'라고 표현합니다. 이는 글을 잘 쓰고 못 쓰고의 문제가 아닙니다. 육성지원되는 글만의 묘한 특징이 있죠. 특징을 살펴보기 전에 육성지원되는 글이 왜 콘텐츠로서 좋은 선택인지 알아보겠습니다.

기업과 소비자는 친구가 되기 어렵습니다. 기업은 보통 자신의 사옥과 다수의 직원, 임원진을 대표하는 글을 쓰기 때문이죠. 그들은 '난 사람이 아니다'라고 온몸으로 말하고 있습니다. 하지만 소비자는 사람과의 대화를 좋아합니다. 회사의 공지나 히스토리, 안내 메일 등에 큰 반응을 보이지 않는 건 그 글을 쓴 사람이 그려지지 않기 때문이기도 합니다. 감정을 교류하고 생각을 주고받을 대상이 없는 것이죠. 최근 브랜드에서 브랜드를 대표하는 화자(주로 캐릭터의 형태)를 내놓는 경우가 많습니다. 공공기관에서도 '한 명의 주무관'이 직접 시청자들과 소통하는 경우가 많죠. 개인은 개인과 관계를 맺고 싶어한다는 점을 역이용한 전략입니다. 관계가 형성되면, 커뮤니케이션의 횟수를 늘리게 되고(리텐션), 횟수가 늘어날수록 관여도가 높아집니다. 기업 입장에서 이런 매력을 쉽게 지나치긴 어렵죠. 때문에 한 명의 재미있는 캐릭터를 구축하기 위한 노력은 오늘도 계속되고 있습니다. 다만, 이것이 성공하기 위해선 몇 가지의 조건이 필요합니다.

　우선 브랜드와 소비자, 둘 사이의 관계 규정입니다. 브랜드는 소비자에게 어떤 것을 제공합니다. 서비스나 상품, 그리고 그것은 소비자의 삶에 영향을 미치죠. 관계도 마찬가지입니다. 아침에 일찍 일어나라고 이불을 걷는 엄마나, 입고 싶었던 브랜드 옷을 빌려주는 형, 고민을 나누는 언니, 호텔 정보를 기가 막히게 알고 있는 친구 등. 우린 사람에게 정보를 얻고 사람에게 영향을 받습니다. 여러분의 브랜드는 소비자에게 어떤 '사람'인지 먼저 규정해봅시다. 이 작업은 매우 중요합니다. '친구 같은 존재'라고 단순하게 말해선 안 됩니다. 지금 여러분의 카톡창을 살펴보세요. 같은 친구라도 A라는 친구에게 하는 말투와 B라는 친구에게 하는 말투가 다릅니다. 지인과 대화할 때도 상대방의 성향을 알고 있기 때문에 우리의 톤도 자연스럽게 변합니다. 그 사람의 세계에 진입할 수 있는 특유의 말투가 정해져 있습니다.

　　4년 째 같이 여행을 다니는 여행 친구, 조용하고 내성적이지만 호불호 표현이 명확하고 관광지보단 조용한 자연이나 풍경을 선호하며, 가난하고 잠자리 불편한 여행도 마다하지 않는 보헤미안 스타일.

이 정도의 구체적인 페르소나를 설정해야 합니다. 이렇듯 관계를 구체적으로 잡는 이유는 당연히 말투와 톤을 잡기 위해서입니다. 관계가 이렇다면 우린 어떤 말투를 써야 할지 고민해봐야 합니다. 여러분이 말수가 많지 않지만, 단호하고 자유분방한 친구라면 수다스럽거나 친절한 말투는 아닐 것입니다. 대신 시원시원하고 의외로 대범한 느낌의 툭툭 던지는 말투를 떠올릴 수 있습니다.

일단 아프리카 정도는 어떨까. 알고 있다. 당황스럽겠지. 어렵다고 생각할거야. 근데, 왜 어렵지? 구체적인 이유를 잘 모르겠군. 덥고, 위험하고, 무섭고 뭐 그런 느낌부터 드니까. 근데 이건 내 뇌피셜이잖아 이건. 좋다, 그럼 그것부터 알아보자. 아프리카는 정확히 왜 여행하기 힘든지.

호흡은 짧게 가져가고, 단호한 어미로 끊어줍니다. 육성의 호흡을 가져가야 합니다. 접속사가 없으니 문장과 문장 사이에 호흡이 있는 느낌이 들어갑니다. 중간에 혼잣말 같은 문장을 넣어주면 조금 더 자기 세계가 있는 느낌이 강해집니다. 하지만 논리의 속도를 붙여 똑똑하고 영민한 느낌을 추가해줍니다.

이처럼 육성의 호흡과 말에 특성을 붙입니다. 특히 혼잣말을 하는 듯한 '구체적인 이유는 잘 모르겠군'과 같은 말투와 문장은 일종의 '말버릇'입니다. 육성의 특징 중 하나죠. 특유의 말버릇을 만들어서 화자에게 부여해주면 훨씬 더 개성을 살릴 수 있습니다. 이 지점에서 여러분은 이런 고민이 들 겁니다. '발랄한 성격을 만들려면 어떤 어미를 써야 하지?'

맞습니다. 각 성격과 개성이 언어와 어떻게 매칭되는지가 육성지원되는 콘텐츠냐를 결정하는 가장 어려운 숙제입니다. 하지만 단서는 의외로 많습니다. 여러분들 주변에 아주 다양한 말투와 성격들이 이미 살아 있는 예시로 존재하고 있으니까요. 이걸 한 번 생각해보세요.

성격이 급한 사람은 어떤 말버릇을 지니고 있을까? 떠오르는 사람과 그들의 공통점을 모아봅시다. '그 사람 말할 때 꼭 이렇게 하던데…' 이런 특징들을 하나하나 쌓아나가야 합니다. 그래야 머릿속으로 고유한 언어를 구체화시킬 수 있죠.

　마지막으로 잊지 말아야 하는 건 그럼에도 이건 글입니다. 말투도 좋고, 말버릇도 좋고, 재미있는 톤을 만드는 것도 좋은데 글의 논리와 흐름을 깨뜨려선 안 됩니다. 말버릇에 집착한 나머지 자꾸 가독성을 무너뜨리거나, 전문가 포스를 강조하기 위해 어려운 단어를 잔뜩 써버리면 안 된다는 얘기죠. 때문에 중요하지 않은 곁다리 문장으로 개성을 부여하고, 정말 중요한 정보에선 쉽고 일반적인 문장으로 가독성을 살려야 합니다. 이런 리듬감이 실제 존재하는 사람 같은 개성과 진지함을 동시에 만들어내고 매력으로 발전하는 것이죠.

손버릇에 신선함을 더하기

분명 글에도 관성이 있습니다. 자주 쓰는 단어나 표현이 이미 손에 배어 있죠. 제 얘기를 좀 해보려고 합니다. 저는 종종 '이슈, 이벤트, 관여도, 포지션' 등과 같은 업무 용어들을 쓰곤 합니다. 습관이 되어버린 것이죠. 다행히 업무와 관련된 글을 써서 티가 잘 나지 않을 뿐 글을 쓰고 나서 다시 읽어보면 꽤나 방심한 모습이 보입니다. 단어뿐 아닙니다. 숫자를 붙여 내용을 풀어내는 방식이나, 적당한 시점에 드립을 치는 습관 등 공식 아닌 공식이 존재합니다. 이런 나름의 손버릇에 성과까지 더해지면 이는 일종의 성공방정식으로 굳어지게 됩니다.

물론 이게 잘못된 일은 아닙니다. 당연히 글엔 일관성이 필요합니다. 그런 글이 사랑받는 이유도 명확하기에 그 매력을 십분 발휘해야 하죠. 특히 개인 블로그가 아닌 기업 텍스트라면 텍스트에 변화를 주는 건 매우 어려운 일입니다. 다만 무엇이 바뀌어야 하고 무엇을 지켜야 하는지에 대한 분별이 필요합니다.

저는 제가 쓰는 글이 재미있는 농담이나 짤, 쉬운 단어와 같은 가벼운 요소 때문에 사랑받았다고 생각했습니다. 그리고 그걸 고수하려고 했죠. 하지만 콘텐츠가 쌓여가면서 독자들에게서 들려온 피드백은 사뭇 달랐습니다. 단지 제 손에 익숙하고 편한 것들 위주로 글의 매력을 재단한 건 아닌가 싶었습니다.

글을 쓰는 손은 무언가에 점점 익숙해지지만, 세상은 꾸준히 변합니다. 시대에 따라 관통하는 문체와 구성 방식이 있습니다. 10여 년 전엔 '무언가에 미쳐라, 공부해라, 도전해라, 아껴라, 독기를 품어라'는 식의 다소 강압적인 문체가 인기였다면 4~5년 전쯤부턴 '괜찮아, 힘내자, 네가 옳아'라는 위로의 문장들이 주를 이루었습니다. 2~3년 전엔 심화된 사회 갈등 양상을 대변하듯 한쪽 입장에서 변을 토하는 사이다 발언이 유행했습니다. 제 글도 아마 그 시류의 영향을 받았을 것입니다. 최근엔 불확실한 시대를 반영한 구체적이고 명료한 문장, 확실한 정보, 확신을 주는 문장들이 인기 글의 주를 이루고 있습니다. 변화를 기민하게 포착하고 반영하는 것도 고객의 반응을 이끌어내는 중요한 요소입니다.

UX writing이라고 불리는 최근의 기능적 텍스트들은 쉽사리 변하지 않습니다. 잘 읽히는 지시어와 구체적인 표현들은 시간이 지나도 유효하죠. 지금까지 불친절한 공급자 위주의 텍스트를 썼다면 좀 더 소비자 친화적으로 바꾸는 작업이 필요할 뿐입니다. 하지만 콘텐츠는 사회 분위기나 업계의 변화, 유행과 이슈에 따라 영향을 많이 받습니다. 우리의 글도 변신을 거듭해야 하겠죠. 우리는 지금까지 해왔던 전개 방식이나 자주 쓰는 단어, 익숙한 논리 구조를 고집해선 안 됩니다. 우리가 지켜야 할 것은 메시지를 전하는 태도입니다.

· 다른 의견이 있겠지만 일단은 내가 맞다고 강하게

주장해야겠어!

· 이런저런 의견이 들어올 수 있는 여지를 충분히 마련해야 해.

· 사람들에게 힘이 되고 따뜻한 글을 쓰고 싶어.

· 조금이라도 그들의 삶에 실질적인 도움이 되었음 좋겠어.

이처럼 손을 움직이는 기준이 마련되어 있어야 하죠. 잔기술에 얽매이기 시작하면 추후 다양한 포맷의 글을 쓰기가 어려워집니다. 이전만큼의 성과를 내지 못할 것 같은 두려움도 밀려오고, 익숙한 방식이 아니니 퀄리티도 이전만 못하죠.

손에 익은 습관 자체가 나쁜 것은 아니니 굳이 떨쳐내려고 할 필요는 없습니다. 그건 그것대로 가만히 두고, 우린 다른 체험을 해봐야겠죠. 가장 좋은 방법은 다양한 글을 접하는 것입니다. 추리소설이나 시나리오, 시, 매거진, 인터뷰 등 글은 그 목적에 따라 다양한 언어와 색깔이 있습니다. 이러한 글을 효과적으로 익히는 방법은 단연 필사입니다. 다만 필사가 그리 쉬운 일이 아니란 걸 저도 잘 알고 있습니다. 그러니 조금 더 흥미진진한 흉내내기를 추천해보려고 합니다. 이 방법은 일할 때는 쓰지 마시고, 혼자 연습할 때 써보시면 좋습니다.

제가 인상 깊게 봤던 영화 대사 중 "당신이 소유한 것들이 결국 당신을 소유하게 되지"라는 문장이 있습니다. 욕망에 대해 다룬 〈파이트클럽〉이란 영화의 대사입니다. 물론 있는 그대로 인용하는 것도 멋있지만 여기선 흉내를 한 번 내봅시다.

여러분이 쓴 글들은 결국 여러분이 될 것입니다.

이런 식으로 말이죠. 살짝 수정을 가미해서 나의 문장처럼 만들어보는 겁니다. 감명 깊게 읽은 시도 한 번 비슷하게 적어봅시다. 추리소설의 시놉시스도 한 번 써봅시다. 갑자기 쓰라고 하면 안 써집니다. 영화 소개 문구를 보거나, 온라인 서점에서 추리소설을 소개해놓은 문구를 몇 개 읽어보고 비슷하게 써보는 겁니다. 살짝만 바꿔서 내가 추리소설을 쓴다면 어떻게 쓸 것인지 상상력도 가미해봅시다.

혼자 적다 보면 조금 부끄럽고 오글거리기도 합니다. 하지만 괜찮습니다. 한껏 자의식 과잉인 감성 글도 적어보고 시민논객처럼 차가운 논평도 적어봅시다. 항상 적기 전엔 미리 남들이 써놓은 (가급적 좋은) 글을 먼저 보고 내 것처럼 각색하는 겁니다. 손의 다른 근육을 사용하는 느낌이 듭니다. 조금은 어색하고, 조금은 흥미로운 느낌.

장르가 달라지면 쓰는 단어 또한 달라집니다. 나에게 익숙한 단어 사전을 벗어나 색다른 단어들이 필요해지죠. 얼마 전 저의 배우자님이 손님을 대접한 뒤 정리하며 이런 말을 했습니다.

융숭하게 대접하지 못한 것 같아.

이 말을 듣고 전 신선한 충격을 받았습니다. '융숭'이란 단어를 몇 년 만에 들어보는 건지 모르겠더군요. 아니, 사실 육성으로 들어보긴 했나 싶습니다. 하나 더, 제가 좋아하는 뮤지션인 잔나비의 라이브 영상 댓글엔 이런 문장이 있었습니다.

다시 잔나비 철인가, 자기들이 꾸민 꿈에 우리를 초대하는 느낌.

표현이 참으로 좋았습니다. 그 아래 대댓글은 더 재치 있었는데 "무슨 구몬하면 이런 창의력이 생겨요?"라고 달려 있더군요. 구몬이라니. 한동안 잊고 있던 단어였는데 싱긋 웃음이 나기도 했습니다.

색다른 단어에서 오는 신선함을 느끼는 건 글 쓰는 사람에겐 필수적인 일입니다. 우리의 세계는 단어의 개수와도 비례합니다. 타인의 세계를 이해하는 일도 단어에서부터 비롯되죠. 내 언어의 한계를 넘고 싶다면 다양한 언어를 들어봐야 합니다. 사람과의 만남, 대화, 다양한 주제가 넘치는 곳에서 말이죠.

새로운 문장들은 창조하는 게 아닙니다. 수집한 재료들을 조합하는 과정에 더 가깝습니다. 직접 사람들을 만나 얘기해 본다면 더 효과가 있겠지만 요즘은 시국이 시국이기도 하고, 그것은 사람에 따라 매우 번거로운 일일 수도 있습니다. 대신 '개인화되지 않은 콘텐츠'를 찾아보는 것을 추천합니다.

저도 최근에서야 깨달은 건데 유튜브나 페이스북, 인스타그램과 같은 콘텐츠 플랫폼, SNS는 생각보다 더 고도화된 개인화 작업을 거칩니다. 비슷한 제목, 비슷한 톤, 비슷한 소재로만 구성된 콘텐츠만 보여주죠. 이는 '반복에 의한 강화 효과'를 만듭니다. 내가 알고 있는 정보뿐 아니라 쓰는 언어나 정보를 다루는 습관까지 더욱 견고해지는 것이죠. 우리는 종종 추천 알고리즘을 벗어날 필요가 있습니다. 전혀 다른 세계의 언어와 생각들, 다른 사람들이 정보를 어떻게 다루는지 살펴봐야 하죠.

특히 온라인 콘텐츠를 만드는 분들이라면 추천 알고리즘을 끄고, 다양한 커뮤니티나 게임 게시판, 온라인 카페는 물론 브런치, 퍼블리, 폴인과 같은 텍스트 콘텐츠 플랫폼이나 각종 뉴스레터, 유튜브 채널, 콘텐츠의 댓글과 대댓글까지 나에게 추천되지 않았던 콘텐츠의 세계를 '찾아서' 접해 보시길 권합니다.

글쓰기가 점점 쉬워지고 익숙한 패턴이 만들어지는 건 분명 좋은 신호이지만, '숙달'과 '성장'은 조금 다릅니다. 여러분이 원하는 게 숙달이라면 정해진 패턴을 계속 반복하며 소위 '손버릇'을 최대 강점으로 만들어야겠지만 성장을 원한다면 용기가 필요합니다. 익숙함에 질문을 던지고, 눈에 담긴 풍경을 부술 용기. 펜의 예리함은 여백의 고요함을 깨고, 통념의 단단함을 파고듭니다. 태도는 굳건히, 손은 유연하게 해봅시다.

새벽 감성 활용법

'수익 모델이 하나인 회사들의 브랜딩'에 대해서 썼던 글이 있습니다. 새벽에 썼죠. 기억으론 맥주도 한두 잔 마셨던 것 같습니다. 브런치를 찾아보니 초안이 있더군요. 같이 한 번 읽어봅시다.

이게. 모든 대표님들이 다 자신의 브랜드를 아끼고 사랑하는 것을 분명히 이해하지만, 막 가끔 그런 경우가 있습니다. 회사라는 게 진짜 딱 마우스만 팔아서 먹고 살지 않아요. 마우스도 팔고 종종 키보드도 팔고, 마우스 A/S도 해주면서 여러 수익 채널을 만든단 말이죠.

근데… 진짜 딱!! 마우스만 파는 곳이 있어요. 캐시카우가 한 마리인 거지. 클라이언트 입장에선 이 마우스가 생명줄인 거예요.

예를 들어 이런 상황인 거죠. 연락이 왔어. 클라이언트가 브랜딩을 해달라고 해서 갔는데… 처음엔 막 의욕이 넘치는 거예요. 문장 하나하나에 우주를 담아야 하고, 자신의 역사와 지금까지의 업의 가치를 비와이처럼 또렷하게 읊조리는 거지. 그 라임에 올라타 잠시 리듬에 몸을 맡기다 보면 나도 모르게 꿈이 생기고, 대기업 사장이 된 느낌일 거예요.. 하지만 문제는 다음부터 발생합니다. 그래서 정작 견적을 말하고, 과업을 정리하다 보면. 갑자기 통장 앞에 겸손한 자가 되어 들숨날숨이 시작돼요. 쓰읍. 쓰읍. 하아. 쓰읍. 원대한 것을 만들려면 돈이 들어가거든요.

분명 글인데 뭔가 시끄러운 느낌입니다. 다시 봐도 그렇네요. 이 글은 그리 좋은 예가 아닙니다. 물론 제 글을 꾸준히 봐온 구독자 분들은 이런 맥락을 이해하고 있지만, 모르는 여러분이 보기엔 어떤 것 같나요. 좀 난잡하고 정신 없는 느낌이 들 겁니다.

새벽 감성은 확실히 굉장한 힘을 선사합니다. 피곤한 하루를 마치고 맥주라도 한잔하고 나면 잠이 오던가, 생각이 많아지던가 보통 둘 중 하나입니다. 물론 내일도 일찍 출근해야 하니까 일찍 자는 것이 현명하겠지만, 자의 반 타의 반으로 글을 완성해야 하는 여러분들에겐 어쩌면 영감의 빛이 내리쬐는 시간이기도 하죠. 밤에 놀라운 크리에이티브가 발휘되는 건 감정에 솔직해질 수 있는 시간의 힘도 있지만 사실 '휴식'에서 오는 차분함의 역할이 더 큽니다.

글에는 숙성의 맛이 필요합니다. 쓰던 글을 뚫어져라 쳐다보고만 있으면 점점 단어 속에 매몰되어 가죠. 모니터에 적힌 글자들이 사고를 가둡니다. 그 이상을 상상하기가 어렵죠. 그래서 글이 잘 써지지 않을 때는 문자들로부터 잠시 떨어지는 것이 좋습니다. 회사에서 한참 열심히 글을 쓰느라 머리가 많이 아프셨을 겁니다. 퇴근 후 깊었던 생각의 구렁텅이에서 잠시 빠져나오고 나면, 내가 백지에 쏟아부었던 글들이 다시 보이기 시작합니다. 머릿속에서 풀리지 않았던 문장과 내용들이 한바탕 언어의 해일이 지나간 후

잔잔한 표면에서 부드럽게 드러납니다. 그리고 해결의 실마리가 잡히죠. 하루의 고민이 정제되는 시간. 새벽의 진정한 힘은 여기에 있습니다.

이런 새벽 감성에 밤에 일해야 잘되는 올빼미형 업무성향이 더해지면 그 효과는 배가 됩니다. 결론부터 말하자면 새벽에 쓰는 글은 확실히 놀라운 솔직함과 의외의 관점들을 선사합니다. 필력도 왠지 높아지는 것 같죠. 새벽의 힘을 충분히 활용하시길 권장합니다. 그것이 본인에게 편하다면 말이죠. 다만, 아침에 꼭 다시 보고 고치셔야 합니다.

하물며 개인 SNS에 올리는 글조차도 밤에 쓰고 다음 날 아침 다시 보면 창피할 때가 많습니다. 회사 콘텐츠를 만들 때 감정 과잉된 새벽글이 자칫 실수를 만들 수 있습니다. 바로 이런 실수들이죠.

우선 문장이 좀 길어집니다. 글을 쓸 때 가장 많이 하는 실수 중 하나가 문장을 멈추지 않고 쉬는 일입니다. 생각을 한 번 정리한 후 한 문장은 한 호흡에 쭉 쓰는 것이 좋습니다. 문장의 중간에서 키보드를 멈추고 다시 생각이 시작되면, 원래의 메시지에 새롭게 떠오른 생각이 더해집니다.

여러 메시지가 접속사로 엉겨 붙어 있는 형태가 되죠. 예를 들어보겠습니다.

> 다양하고, 복잡한. 그리고 역동적으로 변해가는 소비자들의 삶엔 그에 걸맞는 다양한 제품과 섬세한 큐레이션이 필요해졌고… 우리는… 그런 니즈를… 새로운 브랜드의 통합으로써 … 음… 소비자들의 삶을 개선하고 그것으로 하여금… .

원래 끊었어야 하는 문장이 있습니다.

> 다양하고, 복잡한. 그리고 역동적으로 변해가는 소비자들의 삶엔 그에 걸맞는 다양한 제품과 섬세한 큐레이션이 필요해졌고….

이 문장은 '소비자들의 삶은 다양하고 복잡해졌습니다'로 일단 끊고 시작했으면 더욱 좋았겠죠. 문장을 멈추지 않으면, 생각은 끝나지 않습니다. 새벽 글엔 마침표가 필요합니다.

또 하나의 실수는 추상적인 단어들입니다. 위의 예문에

서도 그렇듯 구체적으로 뭐가 어떻게 변했는지는 나오지 않습니다. 생각이 떠오르는 속도가 손보다 더 빠릅니다. 속도 차가 심하게 벌어지면 단어를 함축해서 간극을 좁히려고 합니다. 생각에 매몰돼선 안 됩니다. 손의 속도에 생각의 속도를 맞춰야 합니다.

문단이 뭉개지는 경우도 있습니다. 문단이 뭉개진다는 건 이런 의미입니다. 한 문단에 문장이 네 개라면 '전제-결론-근거-예시'처럼 각각의 문장에 명확한 역할이 주어져야 합니다. 그래야 말하고자 했던 메시지를 끝내고 깔끔하게 다음 문단으로 넘어갈 수 있죠. 이런 문장 구성이 무너지고 메시지가 모호해지는 상태를 '문단이 뭉개진다'라고 말하죠. 예를 들어 '주제-예시-예시-예시' 이런 식으로 했던 말이 계속 반복되면 지루해집니다. 그렇다고 '주제-주제-주제-주제'로만 묶여 있다면 너무 짧은 시간에 많은 내용이 등장하는 느낌이 들 겁니다. 감성의 문제가 아닐 겁니다. 정확히는 갑자기 떠오른 문장을 꼭 집어넣고 싶다거나, 하고 싶은 말들이 많아지는 욕망의 문제죠. 문단의 골격을 깨고 갑자기 살을 채워 넣기 시작하면 굉장히 둔한 글이 됩니다.

마지막으로 오타가 많이 발생하는 문제가 있습니다. 맞

춤법이나 띄어쓰기 같은 문법의 문제가 아니라, 그냥 오탈자가 정말 너무 많더군요. 저는 처음에 글을 쓸 때 오만하게도 새벽에 쓴 글을 그냥 포스팅해서 올리곤 했습니다. 댓글로 얼마나 많은 오탈자 지적을 받았는지 모르겠습니다. 아무리 내용이 좋아도, 오탈자 하나가 나오면 댓글에는 오탈자 얘기밖에 없습니다. '죄송한데, 세 번째 문단 첫 줄에 믿지만이라고 오타났어요'라는 식으로 말이죠.

여러분의 글이 새벽 감성을 지니고 있다면 축복이 맞습니다. 영감을 받을 수 있는 조건을 스스로 알고 있다는 얘기이기도 하고, 마침 그 시간이 혼자만의 시간이라면 많은 일을 만들 수 있죠. 다만 그 모든 것들은 '임시저장'해놓으세요. 새벽의 힘은 아침의 퇴고를 만나야 완성됩니다.

단어의 함의와 이미지

일을 하다 보면 '단어 고르는 게 너무 어렵다'는 얘길 자주 듣습니다. '우리 회사를 어떻게 소개해야 할지 모르겠다'는 하소연도 함께 말이죠. 보통 다음과 같은 종류의 소개문구를 많이 볼 수 있습니다.

- 블록체인 기반 쌍방향 수익형 플랫폼
- 실시간 개인 재무관리 서비스
- 원터치 모바일 AI 업스케일링 테크놀로지 스타트업

이와 같이 많은 단어들이 합쳐져 있는 형태죠.

'초특급 할인 지금 바로 강력한 혜택의 쿠폰을 발급받아보세요!'와 같은 마케팅 문구도 심심치 않게 보입니다. 초특급에 강력한 멋진 쿠폰임을 아주 강조해서 보여주고 싶었을 겁니다. 하지만 위와 같은 단어들에게서 그리 멋진 느낌을 받지 못하는 이유는 무엇일까요. 이제부터 찬찬히 알아보도록 합시다.

앞서 언급했듯 저는 글을 쓸 때 가급적 '자연어'를 많이 쓰려고 하는 편입니다. 일상에서 흔히 쓰는 일반적인 단어들이나 고유명사를 활용하죠. 글의 소재도 아주 가까운 일상에서 찾는 편입니다. 우아함이나 지식의 무게 대신 가독성과 공감을 택했죠.

제가 자연어를 쓰는 이유는 두 가지입니다. 우선은 저는 굉장히 시각적인 사람입니다. 전화번호도 숫자의 위치로 외우는 타입이죠. 그래서 단어를 이미지화시키는 걸 좋아합니다. 쉽고 빠르게 그림이 그려지는 단어를 선호하죠.

두 번째는 오해를 막기 위해서입니다. 추상적인 개념이나 모호한 단어는 서로 다른 그림을 그리게 만듭니다. 처음엔 화기애애하게 시작된 프로젝트가 시간이 갈수록 어려워지죠. 분명 당신이 '심플하고 깔끔하게' 해달라고 해서 그렇게 만들고 있는데 클라이언트가 원했던 심플과 깔끔은 내가 그린 이미지와 다른 것처럼요. 꼭 자연어가 답은 아닙니다. 다만 전 저에게 가장 최적화된 단어를 찾았습니다. 제가 가장 쉽게 쓸 수 있고, 자유자재로 다룰 수 있는 단어들이죠. 어떤 단어를 쓸지는 국어사전에서 찾는 것이 아닙니다. 나만의 단어 리스트에서 뽑아내는 거죠. 브랜드라면 브랜드만의 단어 리스트에서 뽑아내는 거고요. 이때 어떤 단어들을 모아서 사용할지 정해야 하는데, 아래의 두 가지 사항을 참고해보시면 좋습니다.

단어는 이미지다

단어는 네 겹으로 이루어져 있습니다.

1) 듣고 떠오르는 그림
2) 오감의 정보
3) 좋다 싫다
4) 구체적인 경험들

'점심을 먹었다'보다는 '라면 사리 반 개를 쪼개 넣은 부대찌개에 밥 두 공기를 비웠다'가 좀 더 그림이 잘 그려집니다. 점심이란 단어 안에는 수천 수만 가지 메뉴가 포함되어 있기에 어떤 메뉴를 떠올려야 할지 좀 망설여지죠. 부대찌개란 단어를 들으면 일단 마늘 냄새와 보글거리는 소리, 조랭이떡의 쫄깃함 등이 느껴질 겁니다.

사람들은 단어에 감각 정보를 합쳐서 기억합니다. 레몬이란 단어만 들어도 침이 나온다는 얘기처럼 뇌에서 떠올리는 개념과 감각 반응은 밀접한 관련이 있죠. 이러한 감각은 호불호와 연결됩니다. 부대찌개란 단어를 듣자마자 '싫어!'라고 외치는 사람이 있을 겁니다. 또는 부대찌개 속의 통조림 콩이 싫다는 사람도 있을 거고, '비 오는 날엔 부대찌개지!'라며 특정 상황에서 긍정하는 경우도 있습니다. 무조건 찬양하는 분들도 분명 계시겠죠. 우리는 단어를 판단하길 좋아합니다. '저건 좋아!', '저건 싫어!' 등 독자들에게는 자신만의 세계에 허락한 단어들이 존재합니다. 이 모든 감각과 호불호의 근원은 경험입니다. 여기엔 간접 경험도 포함되죠. 정말 힘든 시기 누군가가 사준 부대찌개에 큰 감동을 받은 사람도 있고, 정말 싫어하던 상사와 매일같이 억지로 먹어야 했던 사람도 있을 겁니다.

이처럼, '이미지/감각/판단/경험'이라는 복잡한 정보가 한 단어 안에 포함되어 있죠. 이런 경향은 단어가 구체적인 고유명사일수록 더 분명해집니다. 우린 강조하고 싶은 부분에 이런 단어를 써줘야 합니다. 오히려 더 쉽고 명확한 단어를 써서 이미지를 떠올리게 해야 하죠.

일전에 '판교사투리에 대해 알아보자'라는 글을 쓴 적이 있습니다. '판교'라는 단어는 사람들에게 이미 IT회사들이 가득 모여 있는 스타트업의 성지를 떠올리게 합니다. 사투리란 단어는 '생경함, 고립된 언어, 나도 써보고 싶은, 우리만 알고 있는' 느낌을 선사하죠. 그래서 두 단어를 합쳐 '판교사투리'란 단어를 새롭게 만들었습니다. 실은 이 글의 원래 제목은 전혀 다른 것이었습니다. 바로 '스타트업에서 자주 쓰는 일상용어 대사전'이었는데요. 이대로 썼다면 아마 그렇게까지 많은 사람들이 읽지는 않았을 것 같습니다. 단숨에 이미지를 결정지을 수 있는 '단어'의 힘을 느낄 수 있는 사례라고 할 수 있습니다.

만약 추상적인 일반명사를 쓸 일이 있다면 조금만 더 그림이 그려지는 구체적인 단어로 바꿔보세요. 이를테면 '일상의 피로함'이란 단어 대신 '당신의 하품'이란 단어를 써보는 것이죠. 독자의 손에 잡히고 판단할 수 있고 그림이 그려지고 그들이 경험을 했을 법한, '확실한 이미지'를 갖는 단어들을 제시하는 것이 좋습니다.

내 손에 붙는 단어들

그렇다고 해서 독자들이 좋아할 만한 단어만 찾아다니란 소린 아닙니다. 앞에서 말했듯 글을 쓰는 사람은 자신만의 사전이 있어야 합니다. 글을 쓰는 여러분들의 경험과 감각을 떠올리게 해주는 단어들을 생각해보세요. 내부 보고용 문서들이야 딱딱한 단어들이 가득하겠지만 콘텐츠를 제작할 때는 다릅니다. 여러분의 손에 익숙한 단어들이어야 자연스럽게 글로 연결할 수 있습니다. 이 자연스러움은 글 전체의 색깔을 조화롭게 맞추는 역할을 합니다. 조화로움은 가독성과 리듬감을 만들어내죠. 다만 여러분들이 생각하는 단어의 이미지가 대중이 생각하는 단어의 이미지와 같은 맥락 안에 있는지만 체크하면 됩니다. 부대찌개를 좋아하거나 싫어하는 정도는 문제가 되지 않습니다. 하지만 민감한 사회 이슈나 명백히 공분을 살 수 있는 단어를 다룰 땐 조심해야 하죠. 예를 들어 '흑형'이란 단어를 썼다고 생각해 봅시다. 물론 여러분의 의도는 장난끼와 호의를 섞어 사용했겠지만, 이 단어에 대한 사회적인 태도는 그렇지 않습니다. 명백히 인종차별의 의미가 포함되어 있죠.

그래서 업무로 글을 쓸 때, 특히 콘텐츠 발행을 위해 글을 쓸 때엔 어떤 단어들을 활용할 것인지 미리 비슷한 결의 단어들을 좀 정리해놓고 써보는 것도 좋은 방법입니다. 마치 레고 조립 전에 먼저 비슷한 블록별로 모아놓는 것처럼 말이죠. 잘못된 단어 사용으로 인한 리스크도 줄일 수 있고, 단어의 톤을 비슷하게 맞추면서 자연스러운 가독성도 만들어낼 수 있습니다. 또한 내 글이 너무 추상적으로 흘러가진 않는지, 너무 무리수를 둔 것은 아닌지 단어만 보고도 대략적으로 파악할 수 있게 되죠.

문자는 그림을 품고 있다

문장은 머릿속에 떠오른 이미지를 선형적으로 나열한 것입니다.

· 우리는 지구를 가볍게 만드는 제로웨이스트 굿즈 플랫폼입니다.
· 2020년 대비 34% 매출 성장과 올해 9월 기준 MAU 100만을 달성했습니다.

첫 문장은 지구에서 쓰레기가 줄어들며 가벼워지는 이미지를 연상케 하죠. 두 번째 문장은 급한 기울기의 꺾은선 그래프와 막대그래프를 떠오르게 합니다. 이미지는 이렇게 풍경이나 장면일 수도 있고, 표나 그래프가 될 수도 있습니다. 우리는 늘 이미지를 언어로 구현하고, 독자들은 언어를 다시 이미지로 바꾸어 이해합니다. 어찌 보면 글을 쓴다는 것은 한 편의 영화나 풍경화를 그리는 것과 유사하죠.

그러나 글을 쓰는 와중에 그림까지 고민하는 건 여간 어려운 일이 아닙니다. 게다가 무엇을 어떻게 그림으로 만들어야 하는지도 애매하죠. 이번엔 여러분이 어떤 그림을 그려야 독자들의 사랑을 받을 수 있는지 알아보도록 하겠습니다. 먼저 옛날 얘기로 시작하겠습니다.

인류가 탄생한 이래 가장 원시적인 전달수단은 손짓, 발짓과 오감이었습니다. 직접 불의 향을 맡게 하고 고기를 입에 밀어 넣고 손으로 만지면서 이게 무엇인지 느끼는 것이었죠. 이후 기록과 의사소통, 전승을 위해 선택한 방법은 그림이었습니다. 동굴에 그리고, 땅에 그리고, 돌에 그림을 그리며 다양한 메시지를 나누고 신에게 그걸 전달하기도 했죠.

이후 태초의 문명에서 문자가 발생했지만 그것은 소수의 소유물이었습니다. 여전히 그림은 중요한 의사소통의 도구

였고 조금 더 발전해 표의문자의 탄생으로 이어졌습니다.

시간이 흘러 파피루스, 채윤의 종이, 삼베, 목판에 쓰여지던 글자들은 인쇄술의 발달로 보존력이 높아졌고 대량생산이 가능해졌습니다. 바야흐로 문자의 시대가 열린 것이죠.

현대에 들어서 TV와 라디오, 전화가 발명되며 의사소통의 수단은 더욱 다양해졌습니다. 미디어와 인터넷의 급격한 발달로 수많은 정보들을 빠른 시간 내에 처리해야 했던 인간은 글자보다 더 직관적인 수단을 선호하게 되었습니다. 그림이나 영상, 이모티콘, 짤방 등 다시 이미지 커뮤니케이션의 시대를 맞이하게 됩니다.

캐나다의 미디어 이론가인 마셜 매클루언(Marshall McLuhan)은 TV를 인류 최대의 발명품이라 칭송했습니다. 그는 책이나 문자가 오직 시각적 정보로만 이루어져 있기 때문에 시각 정보의 과부하를 일으킨다고 주장했습니다. 시각에 편향된 정보는 정확하지 않으며 정확한 정보를 얻기 위해선 다양한 감각 체계로 정보를 분산 수용해야 한다고 말했죠. 매클루언에게 소리, 영상, 글과 그림이 가득한 TV는 시각과 청각 등을 동시에 자극할 수 있고 문자가 전달하는 정보전달력의 한계를 극복하는, 정확히는 그것을 통해 인간의 감각이 확장되는 멋진 기계였습니다. 물론 이 주장은 많은 미디어 학자들에게 비판을 받았습니다. 단순히 TV가 시청각 자극을 동시에 준다고 해서 인간의 감각이 확장되는 것은 아니며 인간의 두뇌는 문자가 많다고 해서 과부하가 걸릴 만큼 나약하지 않다고 말입니다. 오히려 이미지의 연속인 TV 속 영상은 정보의 조작이 가능해 잘못된 정보를 전달할 수 있다는 점을 내세웠죠.

매클루언이 주장한 복수 감각을 활용한 정보의 분산 수용은 현재 사용자경험(UX)을 기획하는 부분에서 새롭게 재정의되기도 했습니다. 여러분은 어떻게 생각하나요? 문자의 발전은 감각의 퇴보를 만들었을까요? 시각, 청각, 촉각 등 다양한 감각의 확장이 정보의 정확성을 높여준다고 생각하나요? 물론 사람은 정보를 기억할 때 복수 감각을 활용합니다. 그리고 그것은 아주 오랫동안 각인되고, 각 감각 정보의 견제로 인해 정보의 왜곡이 쉽게 일어나지 않는다는 장점이 있죠. 문자는 분명 시각적 정보임이 분명합니다.

하지만 우리가 알아야 할 점이 있습니다. 사람들은 단순

히 눈으로 받아들인 문자를 사전적 정의로 '이해'하는데 그
치지 않는다는 것입니다. 문자는 '트리거'일 뿐입니다. 문자
를 받아들이는 건 눈이지만, 그것은 '이해'를 넘어 감각이
나 기억, 경험을 떠올리게 하는 기폭제 역할을 하죠. 맛있
는 음식을 묘사한 부분에서 침이 고이기도 하고, 짜릿한 서
스펜스에선 심장이 두근대기도 합니다. 오감을 통해 수용
된 정보는 인출될 때도 오감을 통해 드러납니다. 바퀴벌레
란 단어만 봐도 소름이 돋는 것처럼 말이죠.

　이처럼 사람들은 머릿속의 단어들과 다양한 경험과 기억
을 연결시킵니다. 이때 사람들이 기억하는 이미지는 층위
를 이룹니다. 모든 이미지가 같은 층에 놓여 있진 않죠. 칼
융(Carl Jung)의 정신분석학 모델에선 원형이란 개념이 등장
합니다. 인간이 지닌 집단적 무의식이죠. 인류 공통의 상징
이자, 태초의 기억입니다. 어머니를 대지에 비유하고, 태양
을 신으로, 독수리는 현명한 사람을 떠올리게 합니다(변신도
하죠). 이런 이미지들은 국제협약이라도 맺은 듯 많은 나라
의 신화에서 비슷한 메타포로 등장합니다.
　이런 집단적 무의식 위에 개인의 무의식이 자리잡기 시

작합니다. 가족에게서 듣고 배운 후천적 이미지들이 쌓여가죠. 사과는 빨간색이고, 핸드폰은 재미있고, 고양이는 폭신하지만 나랑 놀아주지 않는 존재입니다. 부모님이 몇백 번씩 반복해준 단어와 감각, 경험들을 연결시키며 우린 하나의 단어에 사전적 정의 이상의 정보들을 추가하기 시작합니다.

공감을 만드는 건 '정의의 교집합'을 만드는 것과 같습니다. 이는 두 가지 방식으로 작동합니다. 경험의 교집합과 개념의 교집합이죠.

경험의 교집합은 '저 사람도 나와 같은 경험을 지니고 있다'는 느낌입니다. 사람들은 글쓴이와 자신의 공통적인 부분 또는 다른 부분을 발견해나가면서 무의식적인 관계를 맺게 되죠. 글쓴이가 프리랜서인데 나와 같은 고충을 겪고 있습니다. 그가 써놓은 글엔 내가 바로 저번 주에 겪었던 사건들이 가득하죠. 그의 해결 방법이 나와 달랐지만, 동질감을 느낍니다. 그리고 경청하게 되죠.

개념의 교집합은 각자 지니고 있는 '단어의 정의'에서 비롯됩니다. 쿠크다스는 '잘 부스러지는 과자'입니다. 이 정의에 대해 서로 동의해야 '쿠크다스 멘탈'과 같은 단어를 이해할 수 있죠. 짬뽕은 차돌박이냐 해물이냐, 탕수육은 '찍먹'이냐 '부먹'이냐 등 취향의 호불호도 여기에 속합니다. 이는 '찍먹파, 부먹파'라는 단어로 탄생하고 사람들은 자신만의 사전에 그 단어를 입력해놓습니다. 사람들의 마음속에 사전은 다양한 언어들로 채워지고 그것은 자아를 형성하기에 이릅니다.

'코인'이라는 단어는 누군가에겐 기회로 들릴 수도, 누군가에겐 도박처럼 들릴 수도, 또 누군가에겐 그저 '동전'이라는 영어 단어일 뿐입니다. 하나의 단어에 어떤 태도와 정의를 지니고 있느냐에 따라 사람들은 '나와 비슷한, 나와 다른 사람'을 구분합니다.

때문에 글 쓰는 사람은 집단이 지닌 그림과 개인이 지닌 그림을 이해하고 있어야 합니다. 우리의 글이 소비자의 마음 어딘가에 가닿기 위해선, 그들이 지니고 있는 사전을 살펴볼 필요가 있죠. 그리고 그림이 완성된 형태로 그려질 수 있도록 순서대로 전달해야 합니다. 전달은 그림을 그리는 방식 그대로 전달합니다. 큰 것에서 작은 것으로, 먼 곳에서 가까운 곳으로, 왼쪽에서 오른쪽으로 정보를 전달합니다. 더불어 그림이 단순한 시각적인 묘사에서만 그치면 부족합니다. 매클루언은 글이 단순한 시각적 정보라고 말했지만 글의 막강함은 공감각적 표현에서 나옵니다. 묘사의 깊이를 만들어 다양한 감각을 자극할 뿐 아니라 감각의 전이(향기를 눈으로 맡는 듯한 느낌)를 만들 수도 있습니다. 다음의 글을 한번 살펴볼까요.

· 고객의 발걸음을 달콤하게.
· 당신의 선택 곁에 서 있는.
· 보다 선명한 메시지를.
· 쓰면 쓸수록 숲이 지워집니다.
· 우리의 발걸음은 투명합니다.

위와 같은 표현은 영상이나 그림으로 표현하긴 어려운 것들입니다. 글을 그림처럼 그려낸다는 건 분명 묘사의 스킬이나 다양한 시적 표현 등 지식과 재능을 필요로 합니다. 하지만 지금 우리에게 필요한 것은 화려한 묘사 능력이 아닙니다. 공감각적 표현을 자유자재로 활용하면 멋지긴 하겠지만, 그게 여러분 콘텐츠에 큰 도움이 될지는 미지수입니다. 우리는 차근차근 정확하고 깔끔한 그림을 그려내는 데 먼저 집중해야 합니다. 내가 전달하려는 메시지가 소비자들의 머릿속에서 왜곡되지 않도록 그들의 정서에 맞는 단어와 표현을 선택하는 데서 시작하죠.

내가 문자로 그린 그림을 무작정 접어 날려보내는 게 아닙니다. 상대방이 이해했을지 상상하며 손을 움직이고, 내가 쓰는 단어가 혹여 전체 그림을 헷갈리게 만드는 건 아닌지 한 번 더 체크하는 배려가 더 중요합니다.

페르소나의 언어로 전달한다

얼마 전 한 금융사의 의뢰로 신규 서비스 브랜드 회의를 진행했던 적이 있습니다. 일곱 명 정도가 모여 있었죠. 어떻게 하면 이 브랜드를 대중들에게 잘 알릴 수 있을지를 논의하는 자리였는데, 다들 열정이 대단해서 뜨거운 회의가 진행되었습니다. 갑론을박과 아이디어, 새로운 의견들이 쏟아졌는데 저는 일단 가만히 들으며 그분들의 의견을 종합하고 있었죠.

"우리 서비스가 제대로 가려면 일단 고객군을 잘 잡아
야 할 것 같습니다."
"맞아요. 일단 그들이 좋아할 만한 광고 모델을 섭외하거나, 요즘 유행하는 드라마에 PPL을 진행해보는 것도 좋겠네요."

"제가 예전에 그… 무슨 광고를 봤는데 진짜 기가 막히더라고요. 막 궁금증을 자아내면서… 그런데 집에 가서 검색해보니까 진짜 별거 아니었어요."

"일단 우리 서비스는 우리 기술력을 바탕으로 '그들에게 진짜 좋은 것을 줄 수 있다!' 이런 점을 강조해야 할 것 같아요."

"그렇죠, 사실 지금 소비자들이 이런 걸 진짜 필요로 하거든요."

오고 가는 얘기들을 들으며 느낀 점은 모두가 생각하는 '브랜딩'이란 단어의 정의도 다르고, 생각의 출발선도 다르다는 점이었습니다. 뭔가 말이 되는 듯하면서도 자세히 읽어보면 서로 다른 맥락에서 대화를 진행하고 있는 느낌이었달까요.

세상에는 다양한 개인이 살고 있습니다. 각각은 서로 살아온 환경과 경험이 다릅니다. 우리는 한 공간에 있지만,

사물과 현상을 다르게 인식하기도 하죠. 사회화 과정을 거치며 서로 다른 생각을 공유하고 조율하는 방법을 배웁니다. 그 과정에는 스트레스도 있고, 새로운 재미를 발견할 때도 있습니다. 그렇게 집단을 형성하며 하나의 비슷한 언어를 공유하기에 이르죠.

의사, 광고업계, 스타트업 종사자, 건설업에서 쓰는 언어는 모두 다릅니다. 대학생과 직장인, 아이를 낳은 부모들은 서로 관심 있는 언어가 다르죠. 야구 동호회나 당구장 멤버, RC카 동호회, 사무실, 영어 스터디에서 쓰는 언어는 모두 다릅니다.

특정한 집단이나 특정한 상황에서 비슷한 언어나 말투, 의식을 공유하는 것을 '버벌 클러스터(Verbal Cluster)라고 지칭하겠습니다.

글이 성공적으로 퍼져나가기 위해선 여러분이 어떤 버벌 클러스터를 대상으로 하는지가 중요합니다. 보통 페르소나라는 단어를 많이 쓰는데 페르소나는 이 클러스터를 대표하는 한 명의 캐릭터를 만들어내는 작업입니다. 우리가 정말 그 한 사람만을 위한 글을 쓰는 것은 아니죠. 정확히는 그런 성향이나 특성을 지닌 '집단'에게 전달하는 것입니다.

한 사람에게도 다양한 언어가 존재합니다. 우리가 규정한 페르소나가 '30대 초반 직장인 2~3년차 서울권역 내 자취 형태로 거주하는 남성'이라고 생각해봅시다. 나름 구체적으로 페르소나를 만들었다고 생각할 수 있지만, 그는 야구 동호회 멤버일수도 있고, 독서모임의 모임장일 수도 있습니다.

회사에서는 온갖 클라이언트와 대화하는 마케터입니다. 그는 200명이 넘는 마케터 단톡방의 일원이죠. MBTI성향으론 ENFP에 속하고 독실한 크리스천이기도 합니다.

페르소나는 다양한 곳에서 다양한 언어를 구사하죠. 여러분이 쓴 콘텐츠가 어디에 퍼지시길 원하시나요. 마케터? 크리스천? ENFP? 야구 매니아?

어떤 특성에 어필해야 콘텐츠의 목적을 달성할 수 있을까요. 기본적인 페르소나에서 한 걸음 더 들어가 그 사람을 지배하는 언어들을 이해해야 합니다. 여기서 우리가 실수할 수 있는 부분은 다음과 같은 것들입니다.

가장 위험한 건 전혀 모르는 채 상상만으로 그들의 세계를 가정하는 것입니다. '그들은 이런 걸 원할 거야', '이런 걸 좋아할 거야' 하는 식으로 말입니다. 텍스트 콘텐츠를 만드는 사람은 단순한 상대의 기호를 충족시키는데 그쳐선 안 됩니다. 그들이 실제로 어떤 언어를 쓰고 있는지 대상의 세계로 진입해야 하죠. 그래서 브랜드의 텍스트는 실제 영업 전선에 있는 사람들의 말이 필요합니다. 직접 고객을 만나고 그들과 대화하는 것도 필수죠. 그래서 저는 텍스트 작업을 의뢰받을 때면 일단 회사의 임직원들과 미팅을 하며 그들의 목소리를 녹음하는 작업부터 시작합니다. 자주 나오는 단어나 표현, 말투와 함의들을 찾아내는 것이죠.

두 번째는 유행하는 단어만을 차용하는 경우입니다. 이건 요즘 들어 제가 좀 민망함을 느끼는 부분이기도 합니다. 3년 전 브런치를 처음 시작하며 재미있고 가벼운 글들을 쓰면서 당시 유행하던 단어들을 많이 사용했습니다. 인터넷의 짤과 함께 말이죠. 하지만 유행은 너무도 빨리 지나가고, 텍스트는 오래 남습니다. 지금도 꾸준히 읽히고 있는 글들에 3년 전 유행어가 그대로 남아 있으면 독자들 입장에선 조금 촌스럽게 느껴지기도 하겠죠. 매우 치명적인 문제는 아니지만, 일관된 브랜드 경험을 전달하기 위해 글을 쓰는 경우라면 유행어보단 '소재'로 승부를 보는 편이 더 현명할 것 같습니다. 버벌 클러스터에 접근하는 게 그들이 사용하는 '단어'만을 사용해야 한단 얘긴 아닙니다. 그들이 공통적으로 지닌 경험과 문화에 접근하는 게 먼저입니다.

마지막으로 주의할 점은 '버벌 클러스터'라는 타깃에만 집중한 나머지 나만의 개성을 잃어버리는 것입니다. 글로 메시지를 전달한다는 것은 그들의 세계로 여행을 떠나는 것과 비슷합니다. 우리는 여행지에서 낯설음, 언어의 장벽, 불안과 불확실성을 느낍니다. 콘텐츠를 만들 때도 마찬가지입니다.

여행지에 적응하기 위해 그들의 인사를 따라 하고, 같은 음식을 먹고 언어를 배우려고 노력합니다. 하지만 그렇다고 내 정체성이 사라지는 것은 아니죠. 여전히 내 국적, 성격, 체력 등은 그대로입니다. 글을 쓸 때도 여행하듯 나를 지키며 그들의 언어로 적는 것이죠. 여기서 '나'는 여러분이 속한 회사나 브랜드가 될 것입니다. 우리가 타깃으로 하는 클러스터가 비속어와 반말이 익숙하다고 해서 우리도 무작정 그걸 따라 하는 게 아닙니다. 다만 조금 변형을 가할 수 있겠죠. 반말과 비속어는 '장벽 없음'을 의미합니다. 배려보단 친근함이 더 먼저죠. 모두가 동등하고 개성 넘치는 커뮤니티인 만큼 거기에 맞춰 우리도 우리만의 컨셉을 잡습니다. 소심하고 겁먹은 초심자 컨셉도 좋고, 무엇이든 설명해주는 오지랖 넓은 친구 컨셉도 좋습니다. 말투를 무조건 따라 하는 게 아니라, 그 말투가 어떤 문화에 기인하고 있는지를 파악하는 것이 더 중요합니다. 그리고 그들의 문화 속에서 나는 어떤 포지션으로 존재할지 정해야 하죠.

글은 다양한 세계로 진입할 수 있게 만들어주는 도구입니다. 누군가의 무의식을 열고 그곳에 내 의견을 전달할 수 있게 만들어주죠. 텍스트 콘텐츠는 많은 정보를 진지하게 다룰 수 있다는 점에서 회사 업무의 필수적인 요소입니다. A/B 테스트나 다양한 실험을 통해 가장 반응이 좋은 콘텐츠의 공식을 찾아내는 것도 중요하지만, 무엇보다 글을 작성하는 여러분들의 손이 정확한 근거와 방향을 갖는 것이 더 중요합니다. 우리에게 글은 한 방을 노리는 로또가 아닌, 꾸준히 방향을 좁혀나가는 실험이니까요. 여러분의 실험이 성공적인 결과를 맞이하길 기원합니다.

3장

읽혀야
글이다

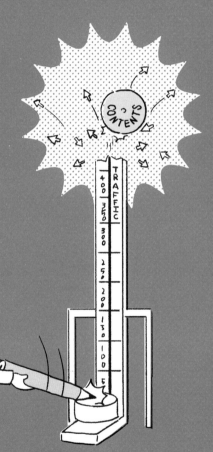

안 읽히는 문장의 특징들

　재미있고 유용한 정보를 담는 것은 중요합니다. 하지만 아무리 좋은 내용이라도 일단 읽혀야 합니다. 수없이 많은 콘텐츠가 쏟아져 나오는 지금, 독자들은 짧은 시간 안에 수많은 정보를 접하게 됩니다. 이전처럼 책상 앞에 책을 들고 집중하는 게 아니라 출퇴근길에, 점심 먹고 잠깐 짬을 내서 읽는 경우가 훨씬 많습니다. 게다가 어쩌다 클릭을 했다고 해도 한 문장 한 문장 곱씹기보단 스크롤을 빠르게 내리며 훑어보기 마련이죠.

　대부분 실무자들은 이 때문에 '제목'에 집중하려고 노력합니다. 최대한 시선을 사로잡을 수 있는 자극적인 제목과 멋지고 직관적인 썸네일을 만들려고 하죠. 추후에도 설명하겠지만 제목의 중요성은 굉장합니다. 하지만 내용이 제목을 따라가지 못하면 '낚시 콘텐츠'로 끝나고 말죠. 이런 배신감을 느낀 독자들을 만들어내는 것이 브랜드 입장에서 좋은 선택은 아닙니다.

다만 내용이 좋은지 안 좋은지 판단도 하기 전에 뒤로 가기 버튼이 눌린다면 그보다 더 슬픈 상황이 어디 있겠습니까. 잘 읽히는 글에 대해선 뒷부분에도 계속 이야기를 할 것입니다. 그 전에 우리는 안 읽히는 글의 특징들을 먼저 생각해봅시다. 여기서는 가독성을 해치는 요인을 세 가지로 분리해서 살펴보겠습니다. '내용', '기술', '감정적' 측면으로 말이죠.

안 읽히는 내용들

■ 독자의 부재

누구에게 말하는지 명확하지 않은 경우입니다. 예를 한 번 들어보겠습니다.

우리는 사회가 좀 더 나은 방향으로 나아갈 수 있도록

기술을 활용한 사회적 가치를 실현하는 기업으로, 사람들의 삶을 행복하게 만들고 이를 통해 모두가 금융의 즐거움을 누릴 수 있는 혁신적 금융 경험 개선 플랫폼을 선도하고 있으며 개개인의 금융 생활이 더 큰 가치를 창출할 수 있는 Mass-value apportunity를 제공하는 역할을 하고 있습니다.

읽는 사람이 누구인지 보이나요? 읽는 사람은 '모두'인 것 같습니다. 불특정 다수를 향한 방백은 자리에 앉아 꼼짝없이 무대에 집중해야만 하는 뮤지컬 관객들에게나 통하는 방식이죠.

'오늘도 은행에 가기 위해 오후 반차를 날린 당신에게' 향하는 글이어야 합니다. 금융 생활을 개선하고 싶다면 누가 불편을 겪고 있고 그가 어떤 상황에 처했는지 알고 있어야 합니다. 허공에 대고 외쳐선 안 됩니다.

■ 메시지의 부재

무엇을 말하는지 명확하지 않은 경우입니다. 위의 예문을 다시 한 번 살펴봅시다.

'가치를 실현, 삶을 행복하게, 금융의 즐거움도 주고, 플랫폼도 선도하고, 가치도 창출하고, 어떤 기회를 제공도 한다'고 합니다. 그래서 정확히 무슨 일을 하려는 걸까요? 자기소개는 충분합니다. 하지만 그래서 무슨 말을 하고 싶은지가 보이지 않습니다. 글은 정보의 나열이 아닙니다. 정보가 흘러가야 하죠. 그리고 목표에 도달해야 합니다. 앱을 다운로드하라는 건지, 웹사이트에 가입하라는 건지, 구매를 하라는 건지 명확하게 서술해야 합니다. 이를테면 '쿠폰을 드립니다!'보다 '쿠폰을 사용하세요!'라고 말하는 편이 훨씬 행동력을 높이는 것처럼요.

■ 연결성의 부재

논리관계가 명확하게 보이지 않으면 글 전체가 헐거워집니다. 비약과 합리화, 결과 편향 등 다양한 논리적 오류가 있지만 제일 많은 실수가 나오는 부분은 단연 '순환논법'입니다.

· 우리는 지금 불편한 상황에 처해 있습니다. 왜냐면 우리는 불편하기 때문입니다.

- 우리는 금융 생활 개선을 위한 플랫폼을 개발했습니다. 왜냐하면 지금까지 금융이 개선되지 않았기 때문입니다.
- 우울에서 벗어날 수 있는 방법은 우울에서 벗어나려고 노력하는 것입니다.

위의 문장처럼 전제와 결론이 같은 지점에서 만나는 방식이죠. 예문만 보면 누가 저렇게 쓸까 싶지만 대다수의 텍스트 콘텐츠가 걸려드는 함정이기도 합니다. 앞에서도 말씀드렸듯 정보는 흘러가야 합니다. 원점으로 돌아오는 것이 아닌 기승전결에 의해 다른 곳에 도착해야 하죠. 수미상관 형식의 콘텐츠라고 해도 다시 머리로 돌아오는 것이 아닌 '결론을 미리 말한 것'일 뿐이라는 사실을 기억해두세요.

안 읽히는 글자들

이번 업데이트를 통해 소비자에게는 더 쉬운 UX와 Approach point를 제공하고, 입점 업체에게는 타업체에서 운영하던 것에 비해 월등한 수준의 수수료 할인을 통해 기존 대비 5%

이상의 수수료 어드밴티지를 가져갈 수 있도록 전체적인 제도 개편을 포함하였습니다.

우리는 아주 복잡한 문장을 이미 경험한 적이 있습니다. 고등학교 시절 외국어 영역 수능 지문에서 말이죠. '나는 친구와 밥을 먹었다'라는 단순한 문장을 엄청난 피동문과 어색한 단어들, 접속사들을 첨가해서 대여섯 줄로 늘립니다. 긴 문장은 잘못이 없습니다. 문제는 긴 문장을 컨트롤하지 못하는 손에 있죠. 문장이 길어질수록 주어와 술어의 거리는 멀어지고 무슨 말을 하고 있었는지 놓치게 될 위험이 높아집니다. 글이 길어지는 이유가, 짧은 글에 살이 붙어 내용이 자세해진 게 아니라, 머릿속에 맴도는 생각을 반복해서 적는 것에 있기 때문이죠. 내 고민과 머뭇거림이 그대로 글에 녹아듭니다. 읽는 사람은 이를 금세 눈치채죠. 위의 예문에서 주어는 회사 그 자체이고, 술어는 'OO을 제공하고/제도를 개편했다'입니다. 차라리 첫 문장에서 이를 직관적으로 제시하고 두 번째 문장에서 풀어 설명했어도 좋았을 것입니다.

우리는 소비자와 입점 업체 모두를 만족시킬 업데이트를 진행했습니다. 소비자는 더 쉽고 직관적으로 서비스를 이용할 수 있고, 입점 업체는 더 많은 수익을 가져갈 수 있습니다.

이런 식으로 정리해볼 수 있겠죠.

안 읽히는 감정들

회사는 글을 쓰지 않습니다. 글은 사람이 씁니다. 독자도 사람이 쓴 글을 원하죠. 사람이 쓴 글에는 감정이 보입니다. 유머러스함, 냉철함, 따스함 등 다양한 톤이 느껴지기 마련이니까요. 안 읽히는 글엔 감정이 보이지 않습니다. 농담을 해도 맥락이 어긋나 있고, 공감받기 위해 쓴 에피소드는 독자와 거리가 멉니다. 저도 글을 쓰면서 감정이 죽은 글들을 쓴 적이 많았는데 보통 소재는 떨어지고 문장은 안 써지고… 결국 예전에 썼던 제 글들을 자가복제하거나 억지로 소재를 만들어서 쓰는 경우가 많았습니다. 쓰는 사람이 이미 지쳐 있는 상태죠. 여러분들의 글이 무채색으로 변했다면 업무로 인해 반복적으로 쓰는 글이거나, 왜 쓰는지 모를 글을 억지로 쓰고 있는 상태일 수 있습니다. 메시지보단 기계적인 숙달에 의해 쓰는 글들이죠.

  '안 읽힌다'라는 판단은 매우 직관적으로 이루어집니다. 독자가 위에 언급한 여러 가지 요소들을 하나하나 고려하여 '뒤로 가기'를 누르진 않습니다. 글은 하나의 그림이자, 덩어리입니다. 다만 방향성이 있죠. 그림이 비선형적인 콘텐츠라면 글은 앞과 뒤가 있고 흐름이 존재합니다. 그 흐름은 논리적인 개요에서 시작되지만 결국 쓰는 사람의 에너지를 타고 움직입니다. 이제부턴 글의 흐름과 더불어 쓰는 여러분의 손에 어떤 에너지를 실어야 하는지 차근차근 알아가 보도록 하겠습니다.

길게 써도 잘 읽히는 법

온라인 콘텐츠는 보통 2,000~3,000자 내외로 작성합니다. 종이책의 한 챕터가 보통 6,000자 내외임을 생각해보면 확실히 길이가 짧은 편이죠. '스압(스크롤압박)주의'라는 말이 일반적으로 쓰일 정도로 쓰는 사람에게나, 읽는 사람에게나 온라인에서 긴 글은 기피대상입니다. 하지만 마냥 짧은 글만 쓸 순 없습니다. 기나긴 스토리를 적을 때도 있고, 주제 자체가 어려워서 부연 설명이 많아야 하는 경우도 있습니다. 오히려 이런 경우엔 글을 짧게 줄였을 때 부작용이 생기기도 하죠. 글이 길더라도 잘 읽히려면 어떻게 해야 할까요?

짧은 글과 긴 글은 각각의 특징이 있습니다. 짧은 글은 강한 메시지와 기발함, 분명함, 직관성 등의 성향을 지니고 있습니다. 트위터의 글이나 카피, 마케팅 메시지, 간결한 원페이퍼 소개서, 피칭용 스크립트 등을 떠올릴 수 있겠습니다.

긴 글은 자세한 묘사와 몰입감, 충분한 설득력과 안정성을 지니고 있습니다. 업무적으로 예를 들자면 브랜드 스토리나 상세 설명, 자체적으로 발행하는 기업 블로그의 게시물 등이 있습니다. 사실 긴 글은 잘못이 없습니다. '긴 글만이 지니는 장점들을 잘 살릴 수 있는가'가 중요하죠. 긴 글의 육중함과 긴 호흡 끝에 상대를 강하게 흔드는 몰입감을 어떻게 만드는지 살펴보겠습니다.

개요 없이 쓰는 긴 글은 없다

문장력이 아무리 좋아도, 개요 없이 2,000자 이상의 긴 글을 써내려 간다는 건 위험한 일입니다. 덩치가 커질수록 덩치를 견디게 만드는 뼈대가 튼튼해야 하죠. 서론/본론/결론 세 개 구성만으로 대강 써놓은 개요는 힘이 없습니다.

예를 들어 전체 주제가 '우리는 친환경 기업으로 다시 태어납니다!'라고 생각해봅시다. 여기서 큰 덩어리는 세 개로 쪼갭니다.

    1) 현재의 상태
    2) 문제의 발생
    3) 우리의 행동

그리고 1, 2, 3번을 뒷받침할 각각의 문단들을 설정합니다.

    · 수많은 패션 브랜드들의 발생
    · 패스트 패션 브랜드의 발전
    · 온라인 커머스의 발전
    · 빠른 소비와 버려지는 옷들

예를 들어 1번이라고 하면 이렇게 네 개 문단으로 쪼개
봅니다. 그리고 한 문단을 탄탄하게 만들어줄 문장 구성까
지 대략적으로 기획해봅니다. 이 중에서 '수많은 패션브랜
드들의 발생'에 대해 쓴다고 해볼까요.

    · 2015년 대비 2020년 브랜드 수 자료 언급

- 자료를 통한 결론
- 브랜드의 분류
- 세대별 분류에 대한 설명
- 트렌드별 분류에 대한 설명
- 가장 핫한 기업 사례를 통해 다음 문단으로 연결

이렇게 여섯 문장으로 구성해봅니다. 모든 글을 이렇게 자세히 쪼개서 쓰진 않겠지만, 기업 계정으로 나가야 하는 공식 블로그 글이나 중요한 기고문 등은 개요가 치밀할수록 안전합니다. 논리가 잘 작동하고 있는지 한눈에 확인하기 편하고, 글을 쓸 때도 방향을 잃지 않을 수 있습니다. 그리고 필요한 자료들만 찾으면 되니 효율성도 높아지죠.

글쓰기는 카메라 워킹과 같다

무언가를 묘사해야 할 때가 있습니다. 긴 글에서는 이 묘사가 더욱 자세해지죠. 유저 시나리오나 사용 후기 등 실제 상황을 표현하는 글에서 자주 쓰입니다. 이때 여러분은 독자들에게 영상을 보여주듯 글을 써야 합니다. 여러분의 손이 카메라가 되는 것이죠.

- 카메라가 움직일 때처럼 시각의 흐름을 만들거나
- 카메라가 고정된 것처럼 시간의 흐름을 만들거나
- 카메라가 여러 대 있는 것처럼 다채로운 시선을 만들거나

흐름의 기준은 다르지만, 시나리오를 쓰듯이 하나하나 훑어가며 묘사합니다. 이리 갔다 저리 갔다 정신없이 설명하면 매우 혼란스러운 글이 탄생합니다. 아주 작은 행동을 순서대로 묘사하거나 책상 앞의 풍경을 왼쪽에서 오른쪽으로 하나하나 묘사하는 연습을 해봅시다. 글을 쓰기 전에 쓰는 사람의 머릿속엔 이미 그림이 움직이고 있어야 합니다.

읽는 사람에게 리듬감을 선사한다

많은 글쓰기 책에서 '리듬감'이란 단어를 볼 수 있는데, 사실 정확히 '리듬감 있는 글을 어떻게 기획해야 하는지'는 모호한 개념입니다. 리듬은 기획해서 만들어낸다기보다는 본능적인 감에 의해서 만들어지는 경우가 더 많죠. 기본적으론 기승전결 구조를 활용하거나, 중간중간 터지는 요소들을 집어넣어 포인트를 살리는 구조 등이 있겠지만 가장

중요한 건 그 '포인트나 절정의 순간을 어느 시점에 배치해야 하는가'에 대한 감각입니다. 타이밍의 문제가 매우 크죠.

저는 글을 어느 정도 쓰다가 속도감을 놓쳤다 싶으면 소리 내서 처음부터 읽어보는 편입니다. 기왕이면 듣는 사람이 한 명 있다면 더욱 좋겠죠. 청자가 없다면 녹음을 추천합니다. 내가 쓴 글을 직접 육성으로 듣다 보면 계속 반복되는 표현이나 루즈하게 늘어지는 부분, 갑자기 긴장감이 높아지는 부분 등이 보입니다. 가장 손쉬운 방법은 다양한 에피소드와 고유명사를 적절히 섞어 활용해주는 방법입니다. 재미있는 강의들의 특징이기도 하죠. 본래의 주제와 어긋나지 않는 적절한 에피소드와 그림이 쉽게 그려지는 고유명사의 등장은, 몰입도와 흥미를 돋우는 효과가 있습니다. 다만 본래의 주제와의 연결성을 놓쳐선 안되겠죠.

긴 글만이 줄 수 있는 안정감

긴 글의 안정성은 반론이나 오해의 요소, 문제가 될 만한 내용들을 해명하고 풀어주는 작업에서 나옵니다. 글이 짧아지면 행간에 대한 다양한 해석이 가능합니다. 긴장감이 높아지기 마련이죠. 여기서 긴장감이란 독자가 감정을 이입하거나 판단을 하게 되는 순간, 의문을 갖게 되는 지점을 의미합니다. 글을 읽는 도중 '이건 아닌 것 같은데?'라는 의문을 갖게 되면 이후의 내용들이 잘 보이지 않습니다. 프레임에 갇히게 되죠. '물론~ 이런 의견이 나올 수 있다', 'OO이라고 주장하는 사람들의 말도 일리가 있다. 다만…', '이쯤에서 OO라는 의문점이 생길 것이다. 당연한 일이다. 이 부분은…' 이런 문장들로 중간에 긴장감을 풀어주셔야 합니다. 확실히 긴 글은 좀 더 많은 주장과 내용을 포용하면서 차근차근 내 이야기를 풀어나갈 수 있다는 장점이 있습니다. 이 장점을 잘 살리셔야 해요. 너무 방어한다는 느낌이 아니라 과속하지 않는다는 느낌을 유지하세요.

단어가 주는 편안함

글이 길어진다는 건 독자가 받아들여야 할 정보량이 많아진다는 소리입니다. 그만큼 걸러내고 버려지는 부분도 많아집니다. 이는 자칫 오해를 부를 수 있죠. 글에는 전체를 관통하는 주제가 있기 마련입니다. 다만 주제란 건 명쾌하게 머리 부분에 드러나는 경우를 제외하곤 전체 맥락을 통해 '파악해야' 하는 경우가 많습니다. 언어 영역 시간에

많이들 해보셨죠. '다음 글의 주제로 적절한 것은?'

글이 길어지면 주제를 파악하는 데 드는 에너지도 함께 늘어납니다. 때문에 우린 독자들의 수고를 덜어줄 필요가 있죠. 이때 좋은 방법은 한 문단을 대표하는 단어를 하나 선정해서 단어의 흐름으로 글 전체를 이끌어나가는 방법입니다. '지금 이 문단은 단어에 대해서 설명하고 있고, 이 전 문단은 안정감에 대해서 말했습니다.' 이처럼 키워드별로 풀어나가는 방식은 고전적이지만 꽤나 유용합니다.

긴장의 완급 조절

진지한 말투로 끝까지 글을 쓰는 건 쓰는 사람도 힘들고 읽는 사람도 힘듭니다. 글의 리듬감은 운율과 어미와 같은 물리적인 부분에서도 만들어지지만, 긴장의 타이밍이 주는 리듬감도 무시할 수 없습니다. 보통 두세 문단 정도를 진지하게 썼다면 한 문단 정도는 가벼운 말투와 약간의 유머, 고유명사 등을 활용하여 긴장감을 풀어주는 것이 좋습니다. 단어가 구체적이고 일상어에 가까워질수록 긴장도는 떨어집니다. 익숙함이 주는 편안함을 선사하죠. 짧은 문장으로 대여섯 문장을 이어나가다가 한 문장 정도는 긴 문장으로 구성해주는 것도 좋습니다. 짧은 문장은 가독성은 좋지만, 새로운 정보가 계속 등장하기 때문에 독자의 긴장도는 높아집니다. 반면 긴 문장은 호흡이 느려지며 하나의 정보를 길게 풀기 때문에 상대적으로 안정감을 주죠.

물리적인 장치들을 걸어줍니다

단락 쪼개기는 논리적인 흐름을 만드는 대표적인 방법입니다. 한 단락을 다섯에서 일곱 문장 정도로 구성하고 화제가 바뀌거나 '그러나, 그런데, 하지만, 반면에, 예를 들어' 등의 역접 접속사나 부연 설명 단락이 시작될 때 줄바꿈을 해주세요. 특히 디지털 콘텐츠는 모바일로 보는 경우가 많기 때문에 한 단락이 너무 길면 집중도가 굉장히 떨어집니다. 여기에 더해 단락이 쪼개지는 부분에 소제목을 붙여주거나 색깔, 굵기 변화 등의 시각적 효과를 더해주는 것도 하나의 방법입니다. 다만, 기울임이나 밑줄 등 가로선을 활용한 방식은 그다지 추천하지 않습니다. 시각적으로 좀 어지러워 보일 수 있습니다. 저는 주로 폰트 크기는 본문은 모두 일정하게 유지하고, 대제목/중제목 부분만 일정한 규칙에 의해 크기를 달리합니다. 소제목은 보통 크기 변화 없이 굵기만 달리해서 적는 편입니다. 마지막으로 작은 따옴표나 괄호, 각주의 사용은 가급적 지양합니다. 특히 괄호는 웬만하면 안 쓰려고 하는데, 쭉 읽는 도중에 괄호가 나오면 다시 앞 단어를 확인해야 하거나 괄호 앞뒤 단어를 이어야 해서 흐름이 끊기는 경우가 많기 때문입니다. 괄호로 덧붙여 설명해야 하는 개념은 가급적 본문에 미리 풀어서 쉽게 설명해주고, 출처표기 등은 본문이 아닌 글 하단에 작게 표기해줍니다.

글의 역할, 말의 역할

앞서 '육성지원되는 글'에 대한 이야기를 했었습니다. 이런 궁금함이 들죠. 육성이 들리는 듯한 거 말고, 실제로 말을 잘하는 능력과 글을 잘 쓰는 능력의 상관관계가 있을까? 예전엔 이 둘이 꽤나 상관관계가 있다고 생각했습니다. 언어적 능력은 모두 일맥상통한다고 여겼죠. 어휘력이나 유창성, 논리력 등에서 말입니다. 그런데 최근 들어선 생각이 좀 달라졌습니다.

실제 만나본 작가님들 중에선 너무도 조용하고 수줍은 분들도 많았고, 무대 위에선 달변가인 강사, 아나운서, 사회자들도 종이 앞에선 얼어버리는 경우를 많이 보았습니다. 이건 제가 책을 쓰면서 다른 작가님들과 가까워지며 알게

된 것이었죠. 물론 그렇지 않은 사람도 있었지만, 그건 개인의 능력이 유독 뛰어난 것일 뿐, 글과 말의 상관관계 때문이라고 말하긴 어려웠습니다.

글과 말은 분명한 공통점이 있습니다.

- 청자와 독자를 모두 몰입시켜야 한다는 점
- 정보를 가시화시킨다는 점
- 어떤 메시지(함의)를 전달한다는 점

위와 같은 점에서 이 둘은 매우 흡사합니다. 모두 커뮤니케이션이 목적입니다. 그리고 단어와 소재, 스토리를 구상하는 부분에 있어선 말과 글은 서로의 힘을 주고받을 수 있었습니다.

하지만 수많은 다른 부분 또한 존재했죠. 가장 큰 차이로는 전달 방식이 있습니다.

말은 목소리와 언어, 행위, 화자의 이미지 등 다양한 요소가 개입합니다. 글은 문자로 정보를 전달하죠. 말에 비해 제한된 조건이기 때문에 띄어쓰기, 문장부호, 단어의 순서

등을 통해 시각적인 위계를 만듭니다.

> 곰곰이 생각해보세요. 여러분, 이만한 크기의 운석이 있다고. 얘는 우주를 떠돌다가, 어떤 중력에 이끌려 이렇게 떨어질 겁니다. 이때 행성이 운석을 끌어당기는 중력만이 존재할까요? 아니죠, 얘도. 이렇게. 같은 힘이 작용하는 거예요. 근데 왜 떨어지냐? 힘의 차이 때문이죠. 당연한 얘기지만요. 하지만 이게 시사하는 바가 커요. 일방적으로 한쪽이 한쪽을 잡아 끄는 게 아니라, 서로가 서로를 향해 힘이 작용하고 있는 것이죠. 마케팅이나 브랜딩도 마찬가지예요. 구애를 하는 건 회사만이 아닙니다. 소비자도 좋은 브랜드에 접근하기 위해 나름의 노력을 합니다. 서로를 끌어당기는 거죠. 이렇게.

이런 강의 내용을 글로 바꿔보았습니다.

> 마케팅은 자칫 기업이 고객에게 쏟아붓는 일방적인 구애처럼 보입니다. 그러나 소비자도 브랜드에 다가가기 위한 노력을 합니다. 필요한 서비스를 이용하기 위해 지갑에서 신분증을 꺼내거나, 복잡한 개인정보를 입력하기도 하고, 이것저것

눌러보며 학습하려고 합니다. 이 둘 사이엔 중력이 존재합니다. 운석이 행성에 떨어지듯 말이죠. 행성도 운석을 잡아당기지만, 운석도 행성을 잡아당깁니다. 좋은 브랜드 쪽을 향해서 말이죠.

말에서는 같은 내용이 몇 번 반복될 수 있지만, 글에서는 문장마다 내용을 쭉쭉 치고 나가야 합니다. 다른 디테일한 내용도 조금 추가되었습니다. 가장 중요한 건 주제 문장의 위치가 바뀌었다는 점입니다. 일단 결론부터 얘기하고 부연하는 방식으로 적었죠. 제한 조건(대신 좋은 브랜드여야 한다)을 마지막 문장에 배치해서 강조했습니다. 정보의 위상차를 가시화시킨 셈입니다. 이것이 어떤 역할을 하는지 알아봅시다.

월터 옹(Walter Ong)의 《구술문화와 문자문화》에 따르면 글은 소리의 세계와 뗄 수 없습니다. '사과'라는 단어는 말로 하든, 글로 쓰든 같은 의미를 지닙니다. 글은 소리 내어 읽을 수 있고, 말은 글로 쓸 수 있습니다. 문자가 생기면서 말과 글은 서로 교환 가능한 표현 수단이 되었습니다. 하지만 여기서 월터는 '기록과 연구'의 측면을 덧붙입니다. 연구나 학습과 같은 높은 차원의 사고에는 글이 다소 유리하다는 입장입니다. 정보를 나누거나 나열하고, 분석하는 등의 행위에선 쓰고 읽는 행위가 필요하다고 말하죠.

인터넷 강의를 들으며 공부했던 경험을 떠올려보면 공감하기 쉬울 겁니다. 이 말은 글이 더 우위에 있다는 얘기가 아닙니다. 글과 말은 서로 다른 역할이 있는 셈이죠.

글은 기본적으로 능동적인 독자의 개입을 허용합니다. 책을 읽다가 좋은 구절이 있으면 밑줄을 치거나 옆에 적을 수 있습니다. 단어 하나에만 집중할 수도 있고, 같은 문장을 반복할 수도 있습니다. 글 쓰는 사람은 독자의 개입과 정보의 위계를 더 고려합니다. 해석과 맥락에 특화되어 있습니다. 했던 얘길 반복할 수 없고, 독자의 반응을 살피기 어렵습니다. 때문에 문장을 전개함에 있어 맥락이 매우 중요해지죠.

반면 말은 화자와 청자 간의 시간차가 없죠. 말하는 사람이 주도권을 갖습니다. 청자는 화자의 이야기가 계속되는 동안 그의 정보에 집중하게 되죠. 말하는 사람은 청자의 집중력과 분위기를 움직입니다. 실시간 커뮤니케이션에 특화되어 있습니다. 반복을 통해 자극을 주고, 상대방이 이해하지 못한다 싶으면 바로 바로 바꾸거나 덧붙일 수 있죠.

콘텐츠를 만드는 여러분은 이러한 말과 글의 특징을 잘 이해하고 있어야 합니다. 이 둘의 차이가 극명하다고 해서 글의 특징인 맥락과 위계만을 고집해야 하는 건 아닙니다. 오히려 저는, 글 속에 말의 특징인 '반복과 반응 살피기'를 종종 삽입하곤 합니다. 예를 들어 아래의 문장을 한번 살펴볼까요.

지역 문화를 관찰할 때 가장 중요한 건 현지 주민들의 참여입니다. 외부 사람들이 지자체의 지원을 받아 벽화도 그리고, 가게도 만들고, 기념품도 만들지만 주민들의 참여가 없다면 이는 흥미진진한 구경거리 내지는 팝업스토어 수준을 벗어날 수 없습니다. 여러분, 따라해보세요. 팝업스토어. 팝업스토어는 지역 문화가 아닙니다. 그냥 하나의 거점이죠. 여러분 동네에 있는 핫한 카페 하나를 생각해보세요. 그 카페에 가려고 사람들이 줄을 서 있는 광경을 보신 적이 있을 겁니다.

여러분도 기다려 보신 적이 있겠죠. 하지만 그게 '망원동의 문화다'라고 말하긴 좀 무리가 있습니다.

이런 식으로 서로의 특징을 잘 이해하고 있으면 어느 부분을 살려 육성지원되는 콘텐츠를 만들 수 있을지 힌트를 얻을 수 있습니다. 저는 한 사람을 앞에 두고 쓰는 듯한 느낌을 유지하려고 합니다. 지칭은 '여러분'이지만 실제로는 한 사람을 위한 글을 쓰죠. 그렇다고 너무 친한 사람을 상상하면 글이 엉망진창이 되므로 일하다가 만났는데 몇 번 일 같이 하면서 농담도 적당히 주고받는 지인 정도를 상상합니다. 그래서 우선 글을 잘 갖춰놓고 말의 요소를 몇 가지 집어넣는 방식을 사용합니다. 윗글에서 표시된 부분을 모두 빼도 맥락에 큰 문제가 없도록 말입니다.

언어 영역 점수와 말의 유창함과 필력은 별개의 것입니다. 소재가 많아도 그걸 구성하는 능력은 완전히 다르고, 구성을 잘해도 청자를 휘어잡는 능력은 또한 다릅니다. 본인이 종종 두 가지 모두 잘하는 사람이라면 그건 여러분의 언어적 능력이 꽤나 뛰어난 것입니다. 축복받은 것이죠. 감사히, 그리고 자랑스럽게 여기시면 됩니다. 반대로 내가 말을 못하거나 글을 잘 못 쓴다고 해서 언어 능력에 문제가 있는 것은 아니니, 괜히 주눅들 필요도 없습니다.

콘텐츠 만드는 마음

브랜드를 알리고, 성과를 내야 하는 글을 써야 하는 사람들에게 글이란 건 '자신의 능력'을 증명하는 일이기도 합니다. 콘텐츠를 발행할 때마다 소비자들에게 평가받는 기분이 들죠. 이런 일상에서 본인의 마음과 능력을 동시에 지켜내는 일은 정말 쉽지 않습니다. 콘텐츠를 만드는 분들과 글에 대한 이야기를 하다가 많은 질문을 받았습니다. 저 또한 그들에게 같은 질문을 던지기도 했었고요. 그중 자주 나왔던 질문 열 가지와 제 의견을 정리해보고자 합니다.

① 어떻게 해야 터지는 글을 쓰지?

가장 직설적인 질문이라고 생각합니다. 성과를 내고 싶

은 건 저도 여러분도 모두 마찬가지입니다. 생각해보면 제 글은 3년 전에 크게 인기몰이를 한 후 그 뒤로 계속 하향곡선을 그리고 있습니다. 한번 터졌다고 해서 항상 터지는 글을 쓸 순 없는 법이죠. 터지는 글은 여러분이 만드는 게 아닙니다. 독자들이 만드는 것이죠. 한 방을 노리고 콘텐츠를 만들면 꾸준한 절망이 찾아올 뿐입니다. 매 순간 좌절하게 되죠. 우리는 점진적인 우상향을 더 중요하게 생각해야 합니다. 내 글의 색깔이 잡히고, 어떤 게 익숙하고 익숙하지 않은지 구별할 수 있고 도전과 익숙함 사이에서 갈등하는 지점까지 꾸준히 나아가야 합니다. 내가 쓴 글이 터지는 일은 평생 오지 않을 수도 있습니다. 그걸 노리고 글을 쓰진 않으셨으면 합니다. 우리 브랜드에 관심을 갖고 글을 읽어주는 100명의 독자들에게 보답하고 애정 어린 메시지를 계속 전달하는 게 우리가 할 일입니다. 곁에 있는 독자들부터 챙기도록 합시다.

② 지속하기가 너무 어려워

앞서 꾸준히 나아가야 한다고 말했지만, 사실 그 '꾸준히'가 가장 어렵습니다. 인간은 꾸준함에 적합하지 않은 본성을 지니고 있죠. 마음은 조급하고, 주변에선 압박이 들어오고, 성과 그래프는 자꾸 떨어지는데 매 순간 고민과 갈등이 생길 수밖에 없겠죠. A라는 주제로 두세 개 정도 글을 쓰다가 성과가 나오지 않으면 바로 B라는 주제로 바꿔보기도 합니다. 저 또한 글을 쓰던 초기에 일곱 번째 글에서 포기하려고 했었죠. 그때 들었던 동료 대표님의 조언이 참 좋았습니다. "독자들은 이제 겨우 당신이 뭘 하는 사람인지 알기 시작했을 거다. 세 개만 더 써봐라."

열두 번째 글에서 반응이 오기 시작했습니다. 적어도 하나의 주제로 열 개 이상은 말해야 사람들이 서서히 익숙해지는구나 싶었습니다. 2019년에는 제 글의 톤을 바꿔보려고 소설 형식으로 업무 이야기를 풀어보았습니다. 다섯 번째 글까지 독자들의 반응은 어리둥절함이었습니다. '이게 뭐냐?', '무슨 컨셉이냐?', '시리즈냐?' 등등 댓글에는 물음표가 가득했습니다. 글이 일곱 개가 넘어가면서 '다음 편은 언제 나오냐', '이거 빠져든다…' 같이 서서히 긍정적인 반응이 생기기 시작했습니다. 주제를 하나 정했으면 글을 딱 열 번만 써봅시다. 그리고 반응의 변화를 잘 관찰해보도록 합시다.

③ 백지가 너무 무서워

종이에 글을 쓰던 시절, 일단 '나는'이라고 두 글자를 써놓고 고민했습니다. 백지를 눈앞에 두면 별 생각이 나지 않습니다. 그럴 때 '나는'을 써보세요. 그리고 다음 단어를 생각하고, 또 그 다음 단어를 이어나가면서 일단 한 문장을 쓰는 겁니다. 글자가 글자를 부릅니다.

④ 할 말이 없어

할 말이 없는 게 아니라, 정확히는 눈에 담은 게 없는 겁니다. 세상은 하나하나 모든 것이 이야기로 이루어져 있습니다. 길거리에 구겨진 채 버려진 반려견 실종 전단지에도 스토리가 있습니다. 그 한 장의 전단지에서 영화가 시작되기도 하죠. 스마트폰에 고정된 눈과, 에어팟으로 닫힌 귀를 열고 앞을 바라보며 주변의 세세한 목소리들을 들어야 합니다. 소재는 없는 게 아닙니다. 눈 앞에 두고도 소재인 줄 모르고 지나치는 거죠.

⑤ 사람들이 뭘 좋아하는지 모르겠어

내가 좋아하는 것부터 생각해봅시다. 어제 쿠팡에서 주

문한 3단협탁은 왜 고르게 되었는지. 오늘 즐겨찾기에 저장한 사이트는 뭐가 좋았던 건지. 나와 '사람들'을 분리시켜 생각하면 안 됩니다. 나도 소비자입니다. 통계자료는 나중에 관찰해도 좋습니다. 일단 나와 비슷한 사람과 나와 다른 사람들을 먼저 생각해봅시다. 그 사람들은 각각 어떤 세계에 살고 있는지 말이죠.

⑥ 저번에 그 글만큼 못 쓰겠어

제가 썼던 '넵병' 글 때문에 한동안 많이 힘들었습니다. 그 글을 뛰어넘는 조회수를 만들어낼 수 없었거든요. 늘 과거의 나를 뛰어넘지 못한다는 자괴감이 들었습니다. 점점 실력이 퇴보하는 듯한 느낌도 받았죠. 요즘에는 그 콘텐츠를 머릿속에서 지웠습니다. 내가 쓴 글 중 최고의 성과와 최저의 성과를 냈던 글은 제외하고, 나머지 글들의 평균을 잡아보세요. 그게 내 본래 실력입니다. 대박이 터졌던 글은 내 실력이 아닙니다. 그건 여러 조건들이 맞아떨어진 하나의 '결과물'일 뿐입니다. 실력은 그리 쉽사리 성장하거나 퇴보하지 않습니다. 꾸준하고 느리게 성장하죠. 운 좋게 한두 개가 대박이 났다면 그날 하루 기분 좋게 마무리하고 잊으면 됩니다.

⑦ 딱딱한 글은 쓰겠는데 이런 글은…

다양한 장르의 글을 잘 써야 하는가에 대한 고민이 있었습니다. 선택의 문제이긴 하지만, 요즘엔 '내가 잘 쓰는 글을 잘 쓰자'라는 생각입니다. 다양한 단어와 시각, 표현들을 경험해보기 위해 살짝 건드려보는 것은 좋습니다. 취미로 다른 스타일의 글을 써보는 것도 추천합니다. 다만 당장 성과를 내야 하는 경우라면 잘하는 장르의 글을 쓰세요. 이것은 업무이니까요.

⑧ 저 사람은 엄청 잘 쓰는데 왜 나는…

글 쓰는 사람들끼리 만나면 묘하게 열등감이 생깁니다. 다들 특출한 부분이 있고, 대개 따라잡을 수 없는 독보적인 능력이죠. 항상 내가 잘하는 건 보이지 않고, 남이 잘하는 건 대단해 보입니다. 내 능력을 못 보는 건 '자연스럽기' 때문이죠. 뭔가 고민하거나 계획해서 나오는 게 아니라 나도 모르게 나오기 때문입니다. 설명할 수가 없죠. 만약 내 능력이 작아 보이는데 남들이 나를 칭찬한다면 설명할 수 없는 그 능력이 자신에게 있음에 안도하시면 됩니다. 그것은 결코 사라지지 않을 것이고, 큰 에너지를 들이지 않고도 자연스럽게 나오는 본능과도 같은 것이기 때문입니다. 매번 공식과 기획, 설계를 통해 실력이 나와야 한다면 고작 몇 개월도 쓰지 못할 겁니다.

⑨ 쓰다가 지쳐버렸다

맞습니다. 저는 2,000자 정도가 집중력의 한계입니다. 안 쉬고 한 번에 써 내려갈 수 있는 1차 한계치랄까요. 물론 그 뒤로도 억지로 쥐어짜면 써지긴 하지만 누가 봐도 대충 쓴 느낌이 듭니다. 보통 기고문 하나에 6,000자 정도이니 두세 번은 쉬어야 겨우 하나를 끝낼 수 있었습니다. 지구력은 개인마다 다르기 때문에 이건 저의 예일 뿐입니다. 글은 중간에 끊고 쉬었다 가셔도 됩니다. 다만 한 가지, 한 문단을 완전히 끝내놓고 쉬길 권합니다. 얘기를 한창 진행하다가 갑자기 쉬어버리면, 다시 돌아와 쓴 글과의 톤이 어긋나는 경우가 많았습니다. 일단 하던 얘기는 마무리 짓고, 화제가 달라질 때 끊고 쉬도록 합시다.

⑩ 완벽한 글을 쓰고 싶어

그런 글은 있지도 않을뿐더러, 있다고 해도 성과로 이어질지는 미지수입니다. 완벽한 글이란 것에 대한 정의도 존재하지 않죠. 빈틈없는 논리와 감탄이 절로 나오는 표현들로 가득차 있다고 해봅시다. 전 그런 글이 '좋은 글'이라고는 생각하지 않습니다. 좋은 글은 독자와 교감할 수 있어야 합니다. 글에는 여유가 있어야 하고 단어와 단어 사이엔 호흡이 있어야 합니다. 공백이 있어야 독자들도 자신의 경험과 의견을 채울 수 있습니다. 자기만족을 위한 글이 틀린 것은 아니지만, 여러분은 '소비자에게 읽히는' 글을 쓰고 있단 사실을 잊어선 안 됩니다.

잘 쓴 글의 세 가지 기준

For sale : Baby shoes. Never worn.

판매 : 아기 신발. 한번도 안 신었음.

　여섯 단어로 된 소설이라고 알려진 인터넷 밈(Meme)입니다. 헤밍웨이가 썼다고 알려졌지만, 진위는 밝혀지지 않았죠. 누가 썼느냐는 중요하지 않습니다. 일단 아주 짧은 이 여섯 단어에서 우린 먹먹한 감정을 느낄 수 있으니까요.

　글을 잘 쓴다, 못 쓴다를 구분하는 기준은 여러 의견이 있습니다. 혹자는 '소비자의 반응이다', '잘 구성된 내용이다', '정확한 단어 사용과 멋진 표현력이다' 등을 꼽습니다. 여러분들의 생각은 어떤가요. 잘 쓴 글이란 무엇을 의미할까요?

인간은 태초 이래 다양한 표현 방식을 만들어왔습니다. 노래나 춤과 같은 소리나 움직임에서 그림, 글, 조각, 미디어 등 고차원적인 추상적 표현까지, 방법은 다르지만 모두 나의 사유와 욕망을 세상에 공개하고 이를 보는 이들과 공유한다는 점에서는 같습니다. 이때 우린 잘 그린 그림, 잘 부른 노래, 잘 춘 춤을 구별해냅니다. 거의 본능적으로 말이죠. 우린 어떤 명확한 채점 기준으로 그들의 표현에 점수를 매기진 않습니다. 박효신처럼 엄청난 가창력이 아니어도 충분히 잘 불렀다고 느낄 수도 있고, 잘 이해할 수 없는 난해한 춤이지만 왠지 잘 추는 느낌을 받을 때도 있습니다.

우리는 여기서 '개성'과 '완성도', '메시지의 방향성'이란 부분으로 나누어 글에 대해 생각해보겠습니다.

분명한 개성은 낯설음을 선사합니다. 독자들의 삶에 작은 균열을 만들고, 새로운 세상을 엿보게 만들죠. 우리가 기꺼이 여행지 속으로 몸을 던지는 것은 호기심 때문입니다. 긴장과 불확실성, 예측을 벗어난 변수, 불안이 가득하지만, 그 낯설음 속의 짜릿한 느낌을 우린 '여행의 재미'라고 말하죠. 누군가의 개성을 관찰하는 것은 무의식의 여행을 떠나는 것과 같습니다. 처음 봤을 때는 놀랍고 당황스럽지만, 시간이 지날수록 맥락이 쌓입니다. 그리고 당황스러움은 신선함과 새로움으로 바뀌죠. 행위 뒤에 숨겨진 함의들은 이해를 돕습니다. 남형도 기자의 '체헐리즘'이나 디에디트의 리뷰 콘텐츠, 월 정기 구독으로 자신의 글을 파는 스튜디오 크로아상의 독특한 문체는 개성을 드러내는 좋은 예입니다.

하지만 개성만으론 좋은 글이 나오지 않습니다. 개성의 잠재력을 극대화시키려면 완성도가 필요하죠. 한참 잘 부르다가 갑자기 쑥스럽다며 노래를 멈추거나, 잘 추고 있다가 갑자기 머리를 긁적이며 대충 마무리한 춤을 생각해봅시다. 꽤나 김빠지는 경험이 아닐 수 없습니다. 글도 마찬가지입니다. 글은 시작과 끝이 분명해야 하죠. 메시지를 꺼냈으면 그걸 완성하고 마침표를 찍어야 합니다.

평범하게 이어지는 듯한 인터뷰 콘텐츠도 마찬가지입니다. 김지수의 '인터스텔라'는 흐름에 대한 좋은 예입니다. 분명 인터뷰입니다. 질문과 답변으로 이루어진 단순한 구조죠. 하지만, 질문의 시발점과 확장, 화제의 전환, 마무리까지 마치 한 편의 장문을 보는 듯한 흐름을 만들어냅니다. 그리고 잔잔한 독백으로 메시지를 마무리합니다.

'추석이란 무엇인가'라는 칼럼으로 화제가 되었던 김영민 교수님의 글 또한 길진 않지만 유쾌한 서두, 친척들의 오지랖에 대한 우회적 비판, 본질에 대한 이해, 유쾌한 마무리로 깔끔한 글맛을 선사합니다. 무엇을 말하고 싶은지가 명확하죠.

완성도는 세 개의 층위로 구분됩니다. 바로 기저층, 중위층, 상위층으로 나눠볼 수 있죠.

기저층에는 목적과 방향성이 있습니다. 어떤 주제를 긍정, 부정, 냉소, 변증법 등 어떤 방향성으로 끌고 갈 것인지를 정하는 것입니다. '반려동물도 하나의 생명체로 인정받아야 한다'라는 주제를 쓴다고 가정해봅시다. 우리의 태도는 현재 '물건'으로 지정된 법률에 대한 비판으로 갈 수도 있고, 반려동물과 함께 살아가는 인류애에 대해 감동적으로 풀어낼 수도 있습니다. 또는 일상에서 실천할 수 있는 작은 행위를 권장할 수도 있고, 인간도 똑같이 당해봐야 정신을 차린다는 식의 냉소로 일관할 수도 있죠. 어느 쪽이든

나의 태도를 정하고 그것을 글의 마무리까지 지키는 게 중요합니다.

중위층에는 전개와 리듬감, 소실점이 중요합니다. 대부분의 텍스트는 서두에서 화제를 던져 호기심을 자극합니다. 그리고 열거, 예시, 부연, 은유, 상징 등 다양한 방식으로 주제를 풀어헤쳐 전개하죠. 최종적으로 결론에 다다라서는 펼쳐놓았던 모든 내용을 하나의 소실점으로 모으며 주제를 강화시킵니다. 직접적으로 주제를 서술하기도 하고, 은유적인 표현, 질문, 열린 결말 등으로 주제를 암시하기도 하죠. 무엇이든 우리가 다다라야 할 목적지에 정확히 도착해야 합니다. 이 여정이 지루하거나 힘들지 않으려면 약간의 스킬이 필요할 뿐이죠. 적당한 문장 길이와 표현의 강세, 에피소드와 예시 등을 조정해가며 리듬감을 만들어냅니다. 안정적인 호흡으로 여정을 완주할 수 있도록 말이죠.

마지막 상위층에는 단어 선정과 표현 방식, 말투와 일치감 등 좀 더 디테일한 부분들이 있습니다. 이 부분은 앞서 말했던 개성이 잔뜩 들어갑니다. 글에 양념을 쳐 감칠맛을 만드는 것이죠. 완성도 있는 글은 이처럼 세 개의 층위로 구분하여 기획해야 합니다. 그리고 순서대로 다듬어야 하죠.

잘 쓴 글의 마지막 요소는 메시지의 방향성입니다. 콘텐츠가 사회를 분열시키거나 혐오를 조장하거나 루머가 되어서는 안 됩니다. 기본적으로 모든 예술과 문화, 표현 방식의 방향은 인류의 발전과 머리를 나란히 합니다. 기업에서 발행하는 콘텐츠 또한 작게는 소비자들의 삶을 개선하는 상품과 서비스를 소개하는 것이지만, 크게는 사회적 책임에 대한 고민을 안 할 수 없죠. 여러분들은 악당이 아니니 악한 의도로 콘텐츠를 발행하진 않을 겁니다. 다만 젠더 감수성이나, 특정 계층에 대한 비하 표현, 정치적 올바름 등에 대한 문제는 꼭 한 번 체크를 하셔야 합니다. 표현이 거칠거나 독특할 순 있겠지만 궁극적으로는 선한 쪽으로 향하고 있어야 합니다. 여러분이 작성한 메시지가 누군가를 상처 입히거나 잘못된 편견을 만들어선 안 되니까요.

퇴고 체크리스트

저는 보통 글을 한 번에 쭉 내려쓰고 바로 업로드하는 편입니다. 성격이 급한 탓이죠. 하지만 업로드하고 나서 다시 한 번 글을 읽어보면 정말 엉망진창입니다. 수정할 곳이 한두 군데가 아니죠. 그제야 급하게 수정 버튼을 눌러 원고를 수정하곤 합니다. 덕분에 민망한 적이 한두 번이 아니었습니다. 퇴고 없는 글은 비유하자면 간을 보지 않고 만든 찌개와 같습니다. 운이 좋아서 맛이 좋을 수도 있지만, 대부분은 실패할 가능성이 매우 높죠. 수많은 분들에게 퇴고에 어떤 특별한 노하우가 있냐는 질문을 받았습니다. 퇴고에 정해진 룰이나 노하우는 없습니다. 각자 굳어진 루틴이 있을 뿐입니다. 이번에는 제가 퇴고하는 방법을 말해보려 합니다.

일단 퇴고의 기본은 보고 또 보는 것입니다. 보통 글을 쓸 때는 두 가지 방식이 있습니다. 저처럼 뭔가 감이 왔을 때 끝까지 쭉 써 내려가는 일필휘지 스타일이 있고, 한 문장 한 문장 고민하면서 쓰는 장인정신 스타일이 있습니다. 당연히 어느 쪽이 좋다 나쁘다를 논할 순 없습니다. 다만 둘 다 장단점은 존재합니다.

먼저 일필휘지로 쓴 글의 가장 큰 위험 요소는 감정과잉입니다. 필자가 글에 매몰되는 것이죠. 글에 감정이 너무 차고 넘치면 주장이 강해집니다. 그리고 논리가 깨질 염려가 높습니다. 마치 술에 취해서 친구에게 울부짖는 목소리와도 같죠. 글에 감정이 담기는 건 나쁜 것이 아닙니다. 다만 글의 본질은 '전달'에 있기 때문에 그것을 받는 사람의 감정도 고려해야 합니다. 글에 흥분을 고스란히 담는 것이 아니라 흥분의 감정을 느끼게 만드는 것입니다. 기본적으로 쓰는 사람은 평정심을 유지한 채 말이죠.

반면 장인정신 스타일은 너무 고민이 많은 나머지 호흡이 끊길 수 있습니다. 한 문장을 쓰고, 한참 고민하다 보면 다양한 생각이 문장에 묻어납니다. 문장마다 색깔이 달라질 수 있죠. 글을 크게 보지 않고 문장 단위로 끊어 생각하기 때문에 맥락에 오류가 생길 가능성도 높습니다. 더불어 글 하나를 쓰는 데 너무 많은 시간과 에너지를 소모하면서, 완성까지의 시간이 꽤나 길어질 수 있다는 것도 문제입니다. 업무로써 글을 써야 하는 경우라면 무척 큰 리스크죠.

여러분이 어느 쪽이든 퇴고는 필요합니다. 퇴고란 기본적으로 초고의 완성을 전제로 말하는 것이니까요. 다만 일필휘지형이라면 전체의 감정과 논리를, 장인정신형이라면 문장 간의 맥락과 톤에 좀 더 신경을 써야 하겠죠. 이 점을 고려해두고 퇴고를 시작해봅시다.

관찰

우선 퇴고의 시작은 관찰입니다. 이때 가장 중요한 건 시간입니다. 적당한 시간이 흐른 후 다시 내 글을 봐야 하죠. 글을 쓰는 사람에겐 쓰는 동안의 관성이 존재합니다. 내 머릿속의 논리와 생각, 주장, 근거들이 글에 맞춰지죠. 생각을 쓴다고 생각하지만, 쓰다 보면 글이 생각을 다시 재조립하기도 합니다. 이는 말이 안 되는 내용이라도 괜찮아 보이고, 글 곳곳에 비어 있는 논리나 비약도 상상력으로 채우게 만듭니다. 그래서 나와 글의 거리를 좀 떨어뜨릴 시간이 필요합니다. 글을 완성하고 한두 시간 후에 다시 보는 것입니다. 다음 날 아침에 보면 더욱 좋습니다. 객관성이 유지되었다면 다시 글을 봅니다. 전날과는 달리 많은 허점들이 보이기 시작할 것입니다. 이때 처음부터 마지막까지 모든 부분을 고치려 하면 연결고리가 끊기거나 시간이 너무 많이 걸립니다. 아래 순서대로 체크해봅니다.

▪ 논리성에 문제는 없는가?

우선 논리성 체크를 합니다. 약간 까다로울 수 있지만 가장 확실한 방법은 녹음 후 다시 들어보는 것입니다. 만약 이게 복잡하다면 가장 가깝지만 독설을 서슴지 않고 해줄 수 있는 지인에게 보여주는 방식이 있습니다. 아무런 사전 지식 없이 타인의 눈으로 보았을 때 글만으로 주제를 이해할 수 있는지 물어봅니다. 논리적인 비약이 있거나 충돌하는 두 의견이 병치되는 경우라면 글은 장황해집니다. 이런 경우 글은 이해하기 어렵고 지루해집니다. 논리성을 처음부터 다시 잡는 것은 글 전체의 구조를 흔드는 일이기 때문에 우리는 선택을 해야 합니다. 다시 개요부터 쓸지 아니면 부분만 수정할지 말이죠. 만약 재료들은 멀쩡한데 순서에 문제가 있거나 너무 많이 반복된다면 소제목을 달아 기승전결이 드러나게끔 쪼개도록 합니다. 줄글이 어렵다면 문단별로 쪼개 단점을 보완해야 합니다.

▪ 부품들을 체크해보자

다음은 접속사나 조사, 전치사, 번역체, 외래어 등의 사용을 체크합니다. 불필요한 단어들을 정제하는 과정이라고 할 수 있습니다. 글을 쓰면서 생각이 많아지면 단어가 추상적으로 변하거나 번역체가 자주 등장하게 됩니다. 주어를 먼저 생각하지 않고 사건만을 생각하다 보니 자꾸 피동문이 등장하는 것이죠. 육하원칙이 무너졌을 때 자주 발생합니다. 뺄 수 있는 어려운 단어들은 최대한 빼줍니다. 여기서 '어렵다'의 기준은 여러분의 글을 읽는 독자의 지식 수준보다 좀 더 쉽게 잡도록 합니다. 피동문은 능동문으로 바꿔주고, 외래어는 가급적 우리말로 씁니다. 번역체 중에서 '~에 대해', '~를 통해', '~에 관하여'와 같은 전치사 번역체들은 특히 조심해주세요. 흐름을 해치고 읽는 속도를 떨어뜨립니다. 속독이 힘들어지면 글은 지루해집니다. '등, 및, ~

것, 의' 등의 조사나 부사들도 최대한 삭제합니다. 호흡을
딱딱 끊는 단어들입니다.

■ 오탈자 체크

마지막은 오탈자 체크입니다. 저는 가급적 오탈자 체크
기능이 있는 프로그램을 이용합니다. MS워드나 브런치 등
을 활용합니다. 구글독스는 아직 오탈자를 제대로 교정해
주진 못하는 것 같습니다. 물론 일부러 어법을 깨뜨리거나
유행하는 단어들을 쓰느라 발생하는 경우는 제외합니다.
다만, 그럼에도 사소한 띄어쓰기나 꼭 지켜야 할 오탈자,
예를 들어 '어의가 없다', '데게', '땅에 묻었다' 등과 같이 누
가 봐도 틀린 오탈자가 있습니다. 이것들은 내용을 해치진
않지만 의외로 눈에 거슬립니다. 제가 쓴 글에 달린 댓글에
도 오탈자를 지적하는 댓글이 꽤나 많았습니다. 그 긴 글
중 기억에 남는 것, 반응을 이끌어내는 부분이 하필 오탈자
라는 건 콘텐츠 만드는 사람으로써 좀 창피한 일입니다. 중
요한 글을 쓰거나 공식적으로 업로드되는 글에는 반드시
문법검사기를 활용하도록 합니다.

퇴고는 얼핏 부가적인 업무처럼 보입니다. 글을 쓰는 게

중요하지 퇴고하느라 시간을 버리는 건 아까운 느낌도 들죠. 하지만 제가 말씀드렸듯 개요에 50퍼센트의 시간을 쏟아야 하는 것만큼 퇴고에도 엄청난 비중을 주셔야 합니다. 어쩌면 본문의 비중은 사실 절반도 채 되지 않을 것입니다. 본문은 날것의 재료일 뿐입니다. 그걸 구성하는 개요와 다듬는 퇴고야말로 진정한 글쓰기의 백미가 아닐까 생각합니다. 글이 끝났다는 건 퇴고까지 끝났을 때를 의미합니다. 다듬지 않은 글은 무디고, 무딘 글은 독자의 마음을 파고들 수 없습니다. 글은 송곳을 만드는 일입니다. 독자들의 단단하고 두꺼운 방어기제를 뚫고 새로운 생각의 씨앗을 주입해야 하죠.

4장

목적에
충실한
텍스트 설계

오해를 예방하는 장치들

사고가 난 직후 두 사람은 병원으로 즉시 이송됐지만,
생명엔 지장이 없는 것으로 밝혀졌다.

어떤 기사의 한 문장입니다. 읽었을 때 어떤 느낌인가요?
얼핏 보면 아무 문제 없는 문장처럼 보일 수 있지만 댓글은
온통 비난으로 가득했습니다.

'병원으로 갔지만 생명에 지장이 없어서 잘못했다는 건
가? 아쉽다는 건가?' 대체로 이런 반응이었죠.

정확하게는 '~즉시 이송됐고, 생명엔 지장이 없는 것으
로…' 또는 '~즉시 이송됐지만, 다행히 생명엔…' 등으로 썼
어야 했습니다. 사실 저도 이 댓글을 보기 전까지 별 생각

이 없었던 터라 깜짝 놀라고 말았습니다. 접속사 하나가 뉘앙스를 이렇게 바꿀 수 있다는 점에 뜨끔하기도 했죠.

글이란 건 기본적으로 상상력을 바탕으로 합니다. 독자의 머릿속에서 단어들은 각각의 이미지로 변환됩니다. 그리고 문법과 단어의 순서들로 이미지를 움직입니다. 위 예문에서 쓰인 '하지만'이란 접속사 뒤엔 보통 부정의 문장이 많이 옵니다. 생명에 지장이 없는 건 분명 긍정적인 느낌을 주는 내용인데 앞에 '하지만'이 붙는 것만으로 그 사실을 아쉬워하거나 허탈해하는 느낌이 되어버린 것이죠. 이처럼 독자들은 단어 각각의 의미뿐 아니라 이들이 내용과 만나 만드는 뉘앙스도 읽어냅니다.

반대의 경우도 있습니다. 글을 너무 대충 읽고 내용을 유추해버리는 것이죠. 어떤 경우든 글쓴이가 의도한 내용이 엉뚱하게 전달된다면 좋지 않은 일들이 발생할 겁니다. 특히 브랜드이미지가 중요한 회사라면 사소한 말 한마디에도 신경 써야 하죠.

오해가 어떻게 발생하는지 두 가지로 나누어 알아보도록

터지는 콘텐츠는 이렇게 만듭니다

합시다.

　우선 내용의 유추입니다. 사실 그 내용이 아닌데 엉뚱한 내용으로 오해받는 경우죠. 보통 독자들은 온라인 콘텐츠를 꼼꼼하게 읽지 않습니다. 심한 경우 첫 줄과 댓글만 보고 반응하기도 하죠. 이 외에도 결론이 뒤늦게 나오는 경우, 반전이 후반부에 있는 경우, 앞부분이 너무 자극적인 경우에 왜곡이 많이 발생합니다. 더불어 글이 길어질수록 뒷부분은 묻히기 마련입니다.

　제가 브런치에 썼던 글 중 '디자이너들을 위한 견적 책정'에 대한 글이 있었습니다. 지금도 많은 디자이너분들이 댓글을 남겨주시는 글 중 하나인데 원래 이 글의 주목적은 견적을 어떻게 책정하는지를 알려주기 위한 글이었습니다. 읽는 분들의 이해를 돕기 위해 제가 만드는 로고나 소개서, 포스터 등의 견적을 공개했었죠. 부정적인 댓글이 달릴 것도 예상했습니다. 아마 '왜 이렇게 비싸게 받냐!', '그건 너의 경우일 뿐이다' 등의 반응은 어쩔 수 없다고 생각했습니다. 그런데 의외의 댓글이 몇 개 보였습니다. '이런 식으로 가격 담합을 하려는 거냐!', '클라이언트들도 돈 없어요. 벼룩의

간을 빼 드시려고', '광고네 광고. 가격표 올린 듯' 등의 댓글이었죠. 이건 매우 놀라웠습니다. 이 글이 이렇게 비칠 수도 있구나 싶었달까요. 딱히 이 글의 의도나 주제를 밝히지 않고 견적 책정하는 방법만 적어놓았던 터라 다양한 해석이 등장했던 것 같습니다. 오해를 줄이기 위해 서두에 이 글의 목적을 밝히고 중간에 내용을 더 추가하고 글의 꼬리 부분에도 다시 한 번 주제를 밝히는 식으로 글을 수정했습니다. 그 이후 적어도 내용을 오해하는 반응들은 없었습니다.

두 번째는 의도의 유추입니다. 글의 내용보다 '이 글을 왜 썼는지'에 대해 오해하는 경우죠. 대표적으로 광고 글에서 이런 오해가 발생합니다. 기업이나 제품, 어떤 대표의 인터뷰 등을 올리면 보통 '돈 받고 썼다', '광고 글이다'라는 반응이 주를 이룹니다. 이는 광고의 범람으로 독특한 광고 방식들이 많아지며 생긴 피로감 때문입니다.

또는 뉘앙스를 받아들이는 개인차에서도 발생합니다. 가장 많은 조회수를 기록했던 '직장인들의 넵병 분석' 콘텐츠 또한 초기엔 '직장인들을 비꼬는 거냐?'는 비난을 많이 받아야 했습니다. 그렇게 듣고 보니 자칫 그들의 행동을 비하하는 글처럼 보일 수도 있겠다는 생각이 들었습니다. '넵넵 이런 식으로 대답 좀 하지 마'라는 메시지로 받아들인 거죠. '넵 이라고 말하는 당신의 마음이 이랬죠?'라고 다독이는 느낌을 어떻게 줄 수 있을까 고민하다가 의외로 손쉽게 이를 해결할 수 있었습니다. 말투를 살짝 부드럽게 바꾼 것이죠. 뭔가 내용을 더 추가한 것도, 수정한 것도 아니고 조금 더 친절하게 어미만 다듬었는데도 반응이 많이 달라지더군요.

아래의 방법으로 온라인 콘텐츠에서의 오해를 최대한 줄여볼 수 있습니다.

서두에 안내문을 적는다

우선 서두에 두세 줄로 미리 이 글이 당신에게 어떤 것을 강요하거나 누군가를 비난하는 글이 아니며 여기에 등장하는 모든 업체나 사람 이름은 모두 사전 동의를 구했다는 등의 안내문 같은 걸 적어줍니다. 필수는 아니지만 조금이라도 자극적인 내용을 다루는 경우에 추천합니다. 의외로 많은 사람들이 서두의 이 짧은 문장만으로도 마음이 풀어졌습니다. 비난 여론이나 오해가 불거지기 전에 미리 써놓으시는 게 좋습니다.

결론부터 적는다

결론은 빨리 얘기합니다. 온라인 콘텐츠를 읽는 속도는 매우 빠릅니다. 문장과 문장을 건너뛰고 필요한 부분만 발췌하며 읽기 마련이죠. 최대한 결론은 앞부분에 제시하는 것이 좋습니다. 글을 쓴 목적이나 주제, 태도도 앞부분에서 모두 정리해줍니다. 앞부분은 자극적으로 빼지 않습니다. 자극적인 것과 잘 읽히는 것은 다릅니다. 앞부분은 '잘 읽히는가'에 중심을 둬서 써야 합니다.

> 강아지를 버릴 결심을 했다. 내가 강아지를 키울 수 있는 사람인가에 대한 의문이 들기 시작했고, 이내 그것은 불안으로 이어졌다….

이 문장으로 글을 시작했다고 생각해봅시다. 물론 뒷부분에서 결국 안 버렸다거나, 사실 키우고 싶었던 마음을 버렸다는 식으로 나름 반전이 있겠죠. 그러나 이미 첫 문장에서부터 많은 분들이 불쾌한 감정을 지니고 글을 읽어 내려갈 겁니다. 이는 글을 쓰는 사람에게나 읽는 사람에게나 좋은 경험이 아닙니다.

마음에서 강아지를 잠시 지우기로 했다. 매일 밤 인스타에 올라오는 강아지 사진들을 보며 액정을 간지럽히던 손가락이 조금 부끄러워졌다. 오늘 이 노랗고 작은 아이를 만나며 나는 나와 강아지의 관계에 대해 다시 생각해보게 되었다.

이런 식으로 조금 부드럽게 바꾼다면 더 좋습니다.

보편적인 비유와 예를 제시한다

마지막으론 비유와 예를 들 때 아주 보수적으로 생각합시다.

· 물건을 구매한다는 건 마치 강아지를 고르는 것과 같다.
· 코로나 확진자처럼 사무실에서 꼼짝도 못하고 잔업을 끝내야….
· 두 비즈니스의 차이는 임대 주택과 고급 아파트 주민들의 차이와 유사합니다.

딱 봐도 매우 위험해 보이는 문장이죠? 첫 번째 문장을 살펴보면 뒷부분에서 '물건들이 나를 봐달라고 꼬리치는 듯한 느낌' 등으로 설명할 수도 있겠지만 이미 사람들의 머릿속엔 이 불편한 비유가 더 강렬하게 남을 것입니다. '강아지가 물건이란 거야?'라는 식으로 말이죠. 나머지 비유는 말할 것도 없습니다.

보통 연말이 다가올 때 사업가들의 마음은 주머니 속 이어폰처럼 복잡한 상태가 된다.

앞서 제시한 예문들과 비교해 어떤 느낌인가요? 이처럼 비유는 형용사적인 상태, 속성을 설명하는 정도로만 사용하는 편이 안전합니다. 글쓴이가 생각하는 상식과 독자들의 상식이 항상 같진 않습니다. 글쓴이가 고양이를 싫어한다고 해서 '고양이 같은…'을 부정적인 뉘앙스로 쓰기 어려운 것과 같죠. 비유나 예시를 들 땐 꽤나 보수적인 기준에서 생각하시는 편이 좋습니다. 누구나 다 끄덕일 수 있는 아주 안전한 단어를 떠올려주세요.

기억할 것만 기억하게 한다

어느 날 당산에서 합정까지 한 정거장을 오는 동안 읽은 기사의 개수를 세어 보니 여덟 개였습니다. 지하철 한 정거장을 가는 데 2분 정도 걸리니 기사 하나를 15초만에 읽었단 얘기죠. 이쯤 되면 읽었다기보다 그냥 훑어봤다고 하는 게 더 정확할 듯합니다. 과연 저는 모든 내용을 잘 기억하고 있을까요?

회사에서 텍스트 콘텐츠를 만드는 분들의 고민은 '널리 퍼지고, 쉽게 읽히는' 글을 쓰는 일일 겁니다. 그런데 곰곰이 생각해보면 고민이 하나 더 생깁니다. 바로 '독자들이 내용을 잘 외웠으면' 하는 것이죠. 진행 절차나 계약 조건, 비용에 대한 문제, 주의해야 할 사항, 자격 요건, 공지사항, 제품 스펙, 브랜드의 새 소식 등이 그러합니다.

이런 정보는 잘 전달되지 않았을 경우 서로 다른 말을 하거나, 제때 준비하기 어렵거나, 심하면 고객불만이나 실제 손해로 이어질 수 있기 때문에 글을 쓰는 사람 입장에선 부담이 큽니다. 굳이 이런 문제가 발생하지 않더라도 같은 얘기 여러 번 하거나, 소소한 실랑이가 반복되는 건 분명 스트레스입니다. '나는 말했다!', '나는 못 들었다!', '여기 적혀 있지 않냐', '누가 이런 걸 일일이 기억하냐' 등의 볼멘 소리들이 오고 가죠. 실제로 온라인 강의를 만드는 콘텐츠 제작 실무자들의 가장 큰 고충이기도 했습니다. 강의를 하기로 한 분에게 계약 사항, 비용 안내, 일정 안내, 절차 안내, 스튜디오 장소 안내, 커리큘럼 제작 방식 등 다양한 정보를 전달해야 하는데 대다수는 안내 메일을 제대로 보지도 않고, 들어도 기억을 못한다는 것이었습니다. '한 번 들으면 딱 기억할 수 있는' 그런 디자인과 텍스트를 만들고 싶다고 하시더군요.

독자 입장에서 콘텐츠를 띄엄띄엄 읽는 건 당연한 일입

니다. 우선 우리의 일상은 대부분 집중할 수 있는 환경이 아닙니다. 많은 정보가 끊임없이 흘러가죠. 더불어 모바일에서는 손가락 터치 한 번으로, 웹에서 스크롤 한 번이면 내용이 바뀝니다. 손쉽게 콘텐츠를 흘려보낸다는 점도 한 몫하죠. 여기에 콘텐츠에 붙은 많은 광고와 배너들이 주의를 흐리고, 좁은 행간이나 너무 넓은 자간 등 디자인적 요소까지 합쳐지면 집중력은 더 떨어집니다.

이런 띄엄띄엄 읽기의 특징은 두 가지가 있습니다.

우선 제목에서 내용을 먼저 유추합니다. 이는 학습된 효과죠. 매트리스 브랜드에서 '당신의 잠자리 안녕하십니까?'라는 블로그 글을 썼다고 생각해봅니다. 이미 제목만 봐도 내용이 그려지죠? '지금까지 당신이 자던 습관은 잘못되었다, 그 이유는 매트리스 때문이다, 우리는 다르다, 우리 제품을 사라. 결론은 광고구나.' 대략 이런 식으로 말입니다. 이처럼 이미 수많은 콘텐츠를 접한 독자들은 제목을 통해 내용과 글의 톤, 분위기까지도 함께 연상합니다.

두 번째는 단어로 기억한다는 점입니다. 아래의 안내문을 한번 살펴볼까요?

영상 제작의 경우 제반 사항은 모두 저희가 제공하고 있습니다. 다만 스탠다스형 계약을 진행하셨을 경우 스튜디오 B 사용은 제한됩니다.

이 예문은 안 좋은 예입니다. 무엇이 잘못된 걸까요. '모두 제공'이라는 단어를 제시했는데 뒤에서는 '제한'된다고 말합니다. 보통 앞선 정보를 뒤집는 정보가 나오면 둘 중 하나는 빠르게 잊혀집니다. 두 정보 모두에 주의를 기울이기에는 에너지 소모가 심하기 때문이죠. 이 글은 지극히 제공하는 사람 입장에서의 글입니다. 좀 더 고객 입장으로 바꿔보면 이렇게 써볼 수 있습니다.

· 프리미엄 계약 시 스튜디오 A, B 사용 가능
· 스탠다드 계약 시 스튜디오 A만 사용 가능
· 이외, 촬영 장비/편집/조명/사진 촬영/메이크업 등 제반 사항은 공통 제공입니다.

이렇게 첫머리에 '당신의 상태'를 먼저 언급해줘야 하죠. 프리미엄과 스탠다드 중 당신이 해당하는 영역만 집중하게 만드는 것입니다. 제한 사항부터 먼저 말하고, 나머지 부분을 말해줍니다. 항상 이슈가 발생하는 건 '제한 사항' 쪽이기 때문이죠. 공통 제공 부분은 사실 별로 기억하지 않아도 될 부분입니다. 독자가 기억하지 못할 경우 문제가 생길 수 있는 정보를 먼저 제시합니다.

물론 띄엄띄엄 읽기를 모두 막을 순 없습니다. 재미있다고 해서 정독하는 것은 아니죠. 다만 띄엄띄엄 읽어도 끝까지 읽게 만들고, 내용을 오해하지 않도록 장치들을 걸어줘야 합니다. 그 시작은 당연히 첫 문단입니다. 에피소드나 인용구, 고유명사 등을 먼저 제시하면서 흥미진진한 오프닝을 끊어줘야 합니다. 첫 문단은 로켓의 1차 추진제 같은 역할을 합니다. 약 한 번의 스크롤 정도를 버티게 해주죠. 네 번째 문단쯤에서 다시 한 번 흥미를 만들어줘야 합니다. 가벼운 드립이나 농담, 예제 등을 들면서 말이죠. 이처럼 스크롤 두세 번에 한 번씩 다시 시선을 잡을 수 있는 포인트들을 배치해야 합니다. 이때 디바이스별로 한 화면에 글의 어디까지 담기는지를 대략 파악하는 것도 중요합니다.

만약 소개서나 설명문, 영업에 필요한 글을 써야 한다면 여백을 충분히 담아야 합니다. 자료는 키워드로만 만들고, 상세 내용은 말로 풀어냅니다. 설명이 다 끝난 후에 글로 요약된 자료를 최종 전달합니다. 자료를 보면서 말을 듣는 건 좋지 않습니다. 여러분이 말로 설명해야 할 땐 자료에서 눈을 떼고 여러분을 보게 만드세요. 감각은 집중하게 만듭니다. 기억에 남기는 건 한 번의 자세한 설명이 아닌 간단하지만 반복적인 설명입니다. 새로운 정보를 계속 주지 말고, 중요한 정보를 반복적으로 언급해야 합니다.

프로세스를 설명한다면 가급적 문장형으로 만들어주세요. 단순히 '계약 진행' 이렇게 쓰는 게 잘못된 건 아니지만 '계약은 두 가지 형태로 진행합니다' 등과 같이 문장으로 써주면 앞 단계와 뒤 단계 맥락과 더 쉽게 연결할 수 있습니다. 각 단계마다 가장 중요한 핵심 단어를 선정해 문단의 중심 키워드로 잡아줍니다.

앞서 언급한 예문을 활용해서 살펴볼까요. 계약이 두 가지 형태라고 했는데, 어떤 기준에 의해서 나뉘는지 말해줍시다. 영상 콘텐츠를 직접 만들고 편집하는 형태와 우리에게 대행을 맡기는 형태. 두 가지가 있다고 가정해볼게요.

'영상 제작 여부'가 계약의 기준입니다.

직접 제작하시겠어요? 아님 저희가 만들어드릴까요?

이 질문이 계약진행 단계를 관통하는 핵심 문장인 것이죠. 이처럼 프로세스는 '정보'의 느낌이 아니라 '행위'를 선택하는 느낌으로 이해하게 만들어주세요. 이때 다시 흐름을 뒤로 돌리는 발언은 좋지 않습니다. '그런데 아까 앞에서…' 등과 같이 이미 지나간 정보를 다시 되짚는 건 전체 흐름을 깰 위험이 있죠. 하나의 단계에서 전달해야 할 정보는 그걸 말해주는 문단에서 끝내고 넘어와야 합니다.

아티클이나 소개서, 발표 자료라면 하이어라키(hierarchy)가 생명입니다. 글의 전체상을 그려볼 수 있도록 체계가 한눈에 보여야 하는 것이죠. 본문 글은 없다고 생각하고 대제목과 중제목, 소제목에만 힘을 실어주세요. 그래서 저는 소개서를 제작할 때 본문 없이 제목들만 연결해서 말이 되게 만드는 작업을 먼저 합니다. 20페이지짜리 소개서를 만든다면 각 페이지 제목들을 먼저 정하죠. 그리고 각 문장을 하나로 합쳤을 때 완벽한 하나의 글이 나오게 만듭니다.

　기억되는 글의 핵심은 '꼼꼼한 정독'이 아닙니다. 모든 정보는 선택적 인지 과정을 거칩니다. 아무리 눈에 잘 띄게 큰 글씨로 적어도 기억에 남는 것은 한계가 있죠. 우리의 목표는 '기억해야 할 것만 기억하게 만드는 것'입니다. 가장 최악은 '엉뚱한 것만 기억하는 상태'입니다. 때문에 이런 종류의 글은 설계에 가깝습니다. 기억하게 만들어야 할 정보를 선택하고 처음과 끝에 배치하고, 상위 단계로 올리고, 문두에 배치하고, 주어를 독자로 바꾸고, 행위를 강조하는 등 다양한 전략을 구사해보세요.

사회적 기업의 콘텐츠

지역을 되살리는 사회적 커넥션을 통해 지역의 잠재성을 되살리고, 지역 활동가들에게 혁신의 기회를 선사하며 거주민들과의 상생의 기회를 도모하는 타운 비즈니스 혁신 모델을 적용하여 새로운 네트워크 시너지를 만들어냅니다.

무슨 말인지 이해가 가시나요? 저는 6년 전 사회적 기업 육성 사업으로 사업의 첫발을 내딛었습니다. 사회적 기업들의 회사 소개서를 만들어주는 디자인 에이전시로 사업자를 냈던 것이죠. 많은 사회적 기업 대표님들을 만나며 그들의 언어에 꽤나 익숙해져 있었습니다. 하지만 지금 생각해보면 수많은 사회적 기업 또는 그와 비슷한 일을 하는 브랜드에게는 비슷한 고민이 있었죠. 소비자가 쉽게 이해하고, 우리의 가치에 동의해줄 만한 콘텐츠를 만드는 일이었습니다.

글로 자신의 의지와 신념을 풀어낸다는 건 어려운 일입니다. 왜 지역을 살리는 사업을 시작했냐는 질문에 답하려면 아주 오래 전 이야기부터 시작되기 마련이니 말입니다. 이걸 모두 풀어내려면 글이 엄청나게 길어질 것이고, 짧게 줄이자니 너무 추상적인 메시지가 됩니다. 회사 입장에서는 큰 딜레마죠.

여러분이 사회적 기업, 기업 CSR(Corporate Social Responsibility) 부서나 사회적 가치에 투자하는 투자사, 사회를 나은 곳으로 만들기 위해 발벗고 뛰는 사람들이라면 이제부터 말씀드릴 부분을 잘 참고해보세요.

가르치는 게 아니라 함께한다는 느낌

보통 사회에 영향력을 주는 비즈니스들은 고질적인 사회의 병폐나 문제, 약자에 대한 시선, 미래 세대를 위한 고민을 합니다. 일반적인 소비자들에겐 조금 무겁고 어려운 주제일 수 있죠. 때문에 글의 톤이 종종 이렇게 만들어집니다 우린 문제가 있고, 뭔가를 해야 합니다! 바뀝시다!

이런 식의 문장은 권유문 내지는 선언, 계몽적인 느낌이 강합니다. 이런 글들은 쉽게 읽히지 않습니다. 자칫 불편함을 느낄 수도 있죠. 자신의 삶과 당장 연결고리가 없다면 더욱 멀게 느껴질 것입니다. 사람들은 '옳은 집단'에 소속되길 좋아합니다. 그러나 행동을 개인적으로 먼저 실천하는 건 꽤 많은 에너지가 필요하죠. 글을 읽는 독자들에게 '당신은 이렇게 행동해야 합니다!'라고 말하는 건 무겁게 느껴집니다. 대신 '너도 우리와 같은 생각을 지니고 있잖아. 주변 사람들에게 이렇게 한 번 말해보자'라고 말하는 편이 거부감이 덜하죠. 이미 당신도 우리와 함께하는 사람이라는 뉘앙스를 주는 것입니다.

> 플라스틱 커피 잔을 사용하는 건 우리 자식들에게 미세플라스틱을 떠먹이는 것이나 다름없습니다. 당신의 손에 들린 일회용 잔, 이제는 버려야 합니다.

꽤나 강한 느낌이 들죠. 죄책감도 듭니다. 플라스틱 문제가 심각하단 건 익히 알고 있었지만, 이런 말을 들으면 오히려 '그럼 대안을 주든가…'라는 생각마저 들 수 있습니다.

> 플라스틱 컵을 쓰며 늘 망설이는 당신, 고민 많던 당신의 손에 일회용 잔 대신 예쁘고 가벼운 종이 텀블러를 쥐어드립니다. 친구들도 깜짝 놀랄 귀여운 디자인과 500번 이상 쓸 수 있는 강력한 내구성까지. 건네는 손과 받는 손이 모두 뿌듯한 순간을 느껴보세요.

이런 식으로 이미 당신의 마음을 알고 있고, 가르치려는 게 아니라 정말 좋은 것을 드리려고 한다는 점을 더 어필하는 것이 중요합니다. 이걸 썼을 때 어떤 감정을 느낄 수 있는지도 함께 말해주고 있죠. '당신이 바뀌어라'가 아니라 '함께해봅시다'라는 느낌의 톤이 중요합니다.

그 단어를 소비자는 모른다

우리가 즐겨 쓰는 공급자적 언어들이 있습니다. 네트워킹, 플랫폼, 연대의 힘, 커뮤니티, 시너지, 넥스트 비즈니스 등 복합명사나 외래어가 생각보다 많습니다. 대다수는 소비자들이 일상에서 듣기 힘든 단어들이죠. 단어를 들었을 때 무슨 말인지 이해가 되지 않으면 그 개념은 '없는 것'이나 다름없습니다. 물론 개념적으론 이해할 수 있습니다. 하지만 개념의 닻을 내릴 충분히 구체적인 이미지나 경험이 없다면 그 단어는 결국 머릿속에서 부유하다 사라지고 말죠. 우리는 소비자의 마음에 충분한 상황과 그림을 그려줘야 합니다. 에피소드와 실제 상황, 고유명사를 들어 이야기해줍시다.

> 집이 사는 곳이 아닌 사는 곳이 될 수 있도록. 우리의 집에 지속가능성을 더하고, 공간의 가치를 높입니다.

물론 이 문장도 그리 나빠 보이진 않습니다. 대략 살기 좋은 집을 만들겠다는 얘기죠. 지속가능성이나 가치를 높인다는 식의 표현은 어렵지 않습니다. 하지만 그림이 그려지지 않습니다. 어떻게 가치를 높이고, 지속가능성이란 정확히 무엇인지 규정하기 어렵습니다. 그래서 이렇게 바꿔보았습니다.

내 방안에 예쁜 화장실이 생겼습니다. 박스를 꺼내지 않아도 옷을 고를 수 있게 되었습니다. 내가 살아갈 공간이 생겼습니다.

좀 더 구체적인 사항들을 언급해주었습니다. 좁디 좁은 방에서 몸만 뉘이다 나오는 게 아닌, 짐 놓을 공간이 부족해서 대충 박스에 담아 쌓아놓는 창고가 아닌 '살아갈 공간'이라는 점만 강조했죠. 머릿속으로 그림이 그려진 독자들은 각자 판단할 겁니다. '아 진짜 짐만 제대로 풀 수 있어도 대박이겠다' 또는 '오! 화장실 딸린 내 방이라니!'라고 말이죠. 물론 '지금도 박스에 옷들을 담아놓진 않아, 방 안에 화장실 있는 거 별로임' 등의 반응도 나올 겁니다. 모두가 저 상황에 박수를 치진 않습니다.

우리가 글을 쓰는 이유는 모두를 감동시키기 위해서가 아닙니다. 우리 서비스가 필요한 사람들에게 전달하기 위해서 쓰는 것이죠. 그들이 모르는 단어로 고개를 갸웃거리게 하는 것보다, 정확한 그림을 주고 좋다 싫다를 만들어주는 것이 더 좋은 방법입니다.

문장은 심플하게 쓰자

위에서 말했다시피, 좋은 생각을 글로 풀기 시작하면 글이 길어집니다. 이게 얼마나 좋은 것인지 끝없이 설명하기 시작하고 문장은 장황해집니다. 복잡한 내용들을 모두 담지 마세요. 돌봄 서비스를 제공하는 회사인 째깍악어의 슬로건은 '필요한 돌봄이 다 있다'입니다. 아주 명확하죠. '내가 생각하는 그런 돌봄 서비스도 있나?'라는 질문으로 이어질 수도 있습니다. 어려운 단어도 없습니다. 물론 큰 회사라면 추상적이고 어려운 단어를 써도 큰 무리가 없습니다. 액션이 많기 때문에 그 액션들을 포괄할 수 있는 단어가 필요하니까요. 하지만 작은 기업들은 그래선 안 됩니다. 길게 쓰지 마세요. 호흡은 짧게, 정확한 서비스 항목을 제대로 얘기합시다.

- 대학생들의 점심을 챙깁니다.
- 엄마들의 일자리를 만듭니다.
- 아빠의 건강을 보여주는 앱.

소비자들이 궁금한 건 지금 무슨 문제가 얼마나 심각하

고 얼마나 이게 사회적인 영향이 있는지가 아닙니다. 내가 무엇을 할 수 있고, 어떤 걸 해야 하는지가 더 중요하죠. 그리고 기왕 할 일이면 좋은 방향으로 한걸음 걷고 싶은 게 소비자의 마음입니다. 그러니 일단 서비스와 제품이 좋아야 하는 것이 기본입니다. 그러니 사연이나 가치를 외치는 것에 앞서 먼저 여러분이 제공하는 것에만 초점을 맞추세요.

선한 일을 하려는 사람들에게 글은 결코 쉽지 않습니다. 내가 적어 놓은 문구만큼의 가치를 서비스나 제품을 통해 증명해야 하죠. 멋진 단어가 많아질수록 그 기대와 부담은 훨씬 커집니다. 글의 무게를 조금 내려놓고 손에 힘을 풀어 봅시다. 소비자들 또한 우리만큼 선하고, 깨어 있습니다. 외치지 말고, 이야기를 나눠보세요. 우리의 눈은 항상 소비자들이 오고 가는 거리와 그들의 생활 속에 머물러 있어야 합니다. 우리가 해결하거나 제공하고 싶은 것들과 그들의 삶에 접점을 만드는 게 콘텐츠의 핵심이죠.

업계 특성을 살리는 톤 잡기

최근 금융업계 클라이언트들을 많이 만나게 되었습니다. 소비자들은 자신의 돈을 맡기고 투자하고 대출을 받거나 집을 구매하죠. 돈이 나가는 일은 무엇보다 고민이 됩니다. 때문에 회사 입장에서도 이 고민을 무게감 있게 받아들이려고 합니다. 전문성과 신뢰감을 줄 수 있는 글을 쓰려는 이유죠. 콘텐츠에서는 자유도가 좀 더 높은 편이지만 메인 홈페이지는 좀 다릅니다. 기업 공식 블로그도 마찬가지입니다. 의료업계, 금융업계, 법률계 등 소비자들의 행동이 보수적으로 움직이는 업계일수록 글은 묵직해지죠.

꼭 업계 특성이 아니더라도 기업의 입장이나 담화문, 기술 블로그 등 말하고자 하는 주제에 따라서 글의 무게감은 조금

씩 달라집니다. 이럴 땐 확실히 정확하고 딱딱한 글이 필요하죠.

글을 잘 쓰는 사람이라는 게 모든 글을 다 잘 쓴다는 의미가 아니었습니다. 확실히 본인이 잘 쓰는 글의 톤이 있습니다. 시, 논설문, 비평, 에세이, 드립글 등 그 결이 조금씩 다르죠. 개인의 성향과 생활하는 환경, 본인에게 익숙한 논리들이 다르기 때문입니다. 저는 주로 숫자를 매겨 병렬로 나열하는 방식이나 서로 다른 관점들을 잘게 쪼개서 관찰하는 식의 글을 많이 씁니다. 어릴 적엔 논설문을 굉장히 좋아했습니다. 그때 배운 구조들을 지금도 그대로 활용하고 있는 셈이죠. 글쓰기는 각자의 역량이 분명한 영역인지라 딱딱한 글에 특화된 사람들이 분명 있습니다. 지금까지는 다소 부드러운 글을 쓰는 얘길 했으니 이번에는 그런 분들을 위한 얘길 한 번 해보겠습니다.

쉽고 재미있는 글이 아닌, 진지한 글을 써야 할 땐 내가 말하고자 하는 대상군이 분명해야 합니다. 대상이 아니라 '대상군'입니다. 대화형 콘텐츠는 한 사람의 페르소나를 규정하지만 딱딱한 글은 '집단'에게 말하는 경우가 더 많습니다. 다수의 사람들을 이해시켜야 하죠.

예를 들어 사모펀드 브랜드라면 투자를 준비하는 수많은 예비 투자자나 기업, 기관들을 설득해야 합니다. 종합검진 서비스를 제공하는 브랜드라면 대다수의 중소기업들을 대상으로 해야 합니다. 여성 대상 로펌이라면 법률 서비스가 필요한 수많은 여성을 대상으로 해야 하죠.

글을 쓰기 전에 우리의 글을 읽어야 하는 사람들의 특성을 먼저 이해해야 합니다. 이 집단만이 지니고 있는 특징이 무엇인지, 어느 부분에 어떤 선입견을 지니고 있는지, 내가 말하고자 하는 주제를 어떻게 인식하고 있는지 등을 살펴보셔야 합니다. 그들과 너무 동떨어진 얘길 하거나 그들이 안 좋게 생각하는 부분들을 언급하는 건 위험하니까요.

대상이 정해졌다면 두 문장을 먼저 쓰셔야 합니다. '전제와 주제'죠. 개요를 짜기 전에 이것부터 분명하게 규정합시다.

- 전제엔 문제가 없는지
- 주제는 전제와 연결되어 있는지

이 부분을 체크한 다음 논리 구조를 선정해야 합니다. 대부분의 딱딱한 글이 읽기 힘들거나 장황해지거나, 또는 위험해지는 이유는 잘못된 전제에서 출발할 경우입니다. 예를 들어 '50대 이상의 어르신은 모두 꼰대다', '사람들은 긴 글을 좋아하지 않는다'와 같은 문장에서처럼 성급한 일반화로 만들어진 전제가 그것입니다. 다음과 같은 전제들도 한 번 살펴볼까요?

- 사람들은 월세가 비싸서 전세를 선호한다.
- 사람들은 대출금을 빨리 갚지 않으려는 성향이 있다.
- 사람들은 가사노동이 힘들어서 아이들을 낳지 않으려고 한다.

이처럼 전제 조건이 편향적이거나 빈약하거나 근거가 없는 경우 글 전체가 흔들리기 시작합니다. 출발선을 잘 잡으셔야 합니다.

이후 논리 구조는 내 주제를 펼치기 가장 적합한 구조로 만들어냅니다. 예를 들어 사례들을 모아 하나의 결론을 도출하려면 귀납법을, 과학적인 원리를 중심에 두고 안 좋은 사례들을 반박하려면 연역법을, 다양한 의견이 상충하는 주제라면 변증법을 쓰는 거죠. 이외에도 아래와 같은 다양한 설명 방식을 활용할 수 있습니다.

- 작은 개인 영역에서 사회 전반으로 논리를 키워나가는 확장 방식
- 다양한 문제점을 동등하게 배치하는 열거식
- 문제의 원인과 결과를 분석하여 원인에 집중하는 인과식
- 문제나 대상을 단계별로 쪼개놓은 다중계층구조(피라미드 형태) 등

  확실히 이런 방식들은 선택지와 같아서 많은 논리 구성 방식을 외우고 있을수록 유리합니다. 아무 배경지식이 없이 나만의 논리 구조를 만드는 건 매우 어려운 일입니다. 논리 구조를 만들었다면 체크를 한 번 해봐야 합니다. 이땐 A, B, C 등의 문자를 사용합니다. 고등학교 수학 시간에 두 삼각형이 왜 합동인지 증명하라는 문제와 비슷하죠.

- A는 C이다.
- B는 A와 같다.
- 즉, B와 C도 같다.

이런 식으로 먼저 문자 간의 논리 구조가 명확한지 살펴본 후 각 문자에 여러분이 제시할 근거나 주장을 넣어 다시 확인합니다.

여기까지가 개요를 정확하게 잡는 부분이라면 이젠 개요에 맞춰 글을 쭉쭉 써나가는 일만 남았습니다. 딱딱한 글일수록 개요의 중요성은 더욱 커지므로 개요를 만드는 데에 많은 노력을 기울여야 합니다. 이후에는 디테일한 부분을 다듬어야 하는데 주로 접속사와 명사를 사용할 때 주의를 기울이세요. 접속사와 전치사는 가급적 지양합니다. 연결고리를 줄이고, 문장을 짧게 만들어서 긴장도를 높입니다. 비유나 묘사, 은유, 상징 등 형용사/부사적인 꾸밈말들을 최대한 줄입니다.

흔히 딱딱한 글은 어려운 표현을 많이 쓰는 글이라고 오해를 합니다. 이는 완전히 잘못된 생각입니다. 오히려 개념에 대해 쉽게 풀어서 써주는 친절이 필요한 글이죠. 우린 지식을 자랑하거나 독자들의 기를 죽이려고 글을 쓰는 게 아닙니다. 그들에게 신뢰와 정보, 전문적인 이미지를 주기 위함이죠. 어려운 단어만 가득 써놓으면 그런 걸 느끼기도 전에 이탈해버리고 말 것입니다.

무게감 있는 글을 쓰기 위해 어려운 단어를 쓸 필요는 없지만, 단어를 쓸 땐 적확한 단어를 쓰셔야 합니다. 애매한 단어들은 가급적 피하세요.

예를 들어 '간주된다, 여겨진다, 보여진다, 생각된다' 등의 주관적인 어미들. '가치 있는', '다양한 사람들'과 같이 추상적인 단어. '명징한, 핍진성, 경세적, 징구'와 같은 비일상적이고 어려운 단어들이죠.

특히 '패러다임, 알레고리, 에피스테메, 디아스포라' 등과 같은 복잡한 개념을 사용할 땐 정확한 뜻과 문맥 간의 관계를 꼭 살펴보셔야 합니다. 이런 단어들은 다양한 철학적 의미를 내포하고 있어서 하나의 의미로 쓰이지 않습니다. 일반적인 사전적 정의로만 쓰기엔 함축된 의미들이 묵직하죠.

예를 들어 '에피스테메'와 같은 단어는 플라톤이 주장한 뜻과 프랑스 철학자인 미셸 푸코가 언급한 뜻이 각각 달라서 자칫 오해를 부르거나 괜히 이해를 어렵게 만들 수도 있습니다. 저도 지금 이 단어를 설명하면서 뜻을 설명해드려야 하나 고민을 잠시 했는데 이 뜻을 하나하나 설명하고 있다간 너무 길어질 것 같아서 멈칫했습니다. 이처럼 어렵고 복잡한 단어들은 오히려 여러분들의 글을 안 좋은 방향으로 흘러가게 만듭니다. 우리는 정확한 글을 쓰려고 하는 거지 어려운 글을 쓰려는 게 아닙니다.

지금까지의 설명처럼 글 전체를 관통하는 전제와 논리, 주제가 가장 중요합니다. 나머지는 부드럽고 자연스럽게 쓰셔도 됩니다. 탄탄한 논리와 쉬운 단어가 만나면 더욱 신뢰감을 줄 수 있습니다.

제품이나 서비스를 위한 설명문

얼마 전 암보험을 하나 추가로 들고 싶어서 각 보험사 사이트를 돌아다니며 상품을 살펴보았습니다. 보험 상품의 용어는 결코 쉽지 않습니다. 유튜브와 보험 설계사를 하는 지인의 도움으로 이런저런 설명을 듣고 나서야 겨우 몇 개의 단어를 이해할 수 있었죠. 1-5종 수술비라고 하는데 그게 중요하다고만 하지 각 종류의 수술이 어떤 수술인지는 설명이 없었습니다. 보장 내용과 기간, 납입 기간 등도 다양한 그래프로 설명해주고 있지만 그리 친절하지 않았습니다.

브랜드에선 무언가를 설명해야 할 일이 많습니다. 앱이나 새로 나온 상품을 소개해야 하고, 바뀐 사항들을 공지해야 합니다. 현장에 나가면 부스에 찾아온 사람들에게 이벤트를 소개해야 할 일도 많습니다. 대부분의 사람들은 우리 브랜드를 처음 겪기 때문에 우리의 서비스나 제품을 사용하면서 이걸 어떻게 쓰는 건지, 무엇을 눌러야 하는지 낯설어합니다. 만든 사람 입장에선 '아니 왜 이 쉬운 걸 모르지?'라고 생각할 수도 있겠지만 새로운 정보에 익숙해지는 건 누구에게나 친절이 필요한 일입니다. 이 과정에서 글의 역할은 정말 대단합니다. 전혀 알아듣지 못하게 만들 수도 있고, 정확히 이해하게 만들 수도 있죠.

설명문은 지시의 역할을 합니다. 설명의 기본은 동선과 행동을 규정하는 것이죠.

이런 글에는 '어디에 있는 무엇을 어떻게 해라'라는 큰 목표가 있습니다. 사람들은 처음 접하는 여러분의 브랜드가 생소하기 때문에 뭔가 빨리 할 수 없습니다. 마치 새로 산 레고를 조립하는 것처럼 하나하나 맞는지 대조해보며 움직이죠. 때문에 우린 소비자의 정보처리 속도를 고려해야 합니다. 설명문의 핵심은 상대방의 시선과 글의 흐름이 같아야 한다는 점입니다. 글 먼저 너무 빠르게 흘러가면 자꾸 반복해서 읽어야 합니다. 또는 흐름을 놓치게 되죠. 결국 짜증이 날 것입니다.

우린 상대의 시간과 동선을 이해하는 것에서부터 출발해야 합니다. 상대가 어느 지점에서 무슨 생각을 할지 고려해야 합니다. 이 부분 때문에 설명문에선 디자인의 역할도 굉장히 중요하죠. 시선이 끊기는 곳, 머무는 곳, 흐르는 곳. 이 모든 것을 생각해야 합니다. 단순히 우리 할 말만 늘어놓는 건 설명문이 아닙니다.

설명문에 쉬운 단어와 간결한 문장을 써야 한다는 건 당연한 일입니다. 사실 대부분의 글이 그러하죠. 다만 설명이나 묘사하는 글에는 작성 순서가 있습니다.

우선 시각적으로 큰 것을 먼저 얘기합니다. '우측에 있는 빨간색 버튼을 누르세요'라고 말하기 전에 주변의 큰 사물을 먼저 말합니다. '엘리베이터 문 오른편에 있는 빨간색 버튼을 누르세요'라고 말이죠.

시선이란 기준점이 중요합니다. 내 시선을 우선 고정시켜놓고 주위를 훑는 방식을 쓰죠. 고정물이 없으면 시선은 방황하기 시작합니다. 바로 앞에 있는 핸드폰도 찾기 어려워집니다.

다음 예문은 시선을 위에서부터 얘기하는 방식입니다.

기기를 켜고 확인할 수 있는 숫자들을 각 디바이스에 맞춰 설정해주시고, 측면의 다이얼 버튼을 2초 정도 길게 눌러주시면 설정이 완료됩니다.

안 좋은 예입니다. 우선 기기를 켜고 어디에서 숫자가 나오는지도 정확히 알 수 없습니다. 물론 화면이 바로 있겠지만 설명문이란 글 자체만 보고도 이해할 수 있어야 합니다.

1) 기기의 제일 윗부분 오른쪽에 전원 버튼을 눌러 켭니다.
2) 기기 화면에서 숫자를 확인합니다.
3) 화면 아래 화살표를 이용해 원하는 채널을 선정합니다.
4) 그 후 기기의 오른쪽에 빨간 버튼을 2초 이상 누릅니다.
5) 삐 소리와 함께 설정이 완료됩니다.

이렇게 바꾸어보니 어떤가요? 글의 순서는 시선이 기기의 위쪽부터 아래쪽으로. 그리고 측면으로 흘러가는 식입니다. 앱 화면이나 웹 서비스의 경우에도 화면의 상단부터 차근차근 설명하는 게 좋습니다. 좌우측 중에선 왼쪽부터 설명해나갑니다.

마지막은 프로세스별로 얘기하는 방식입니다.

> QR코드를 찍으신 후 해당 페이지로 이동하시고 제일 상단의 버튼을 클릭 후 양식에 맞게 개인 정보를 입력해주시면 추첨하여 개별 연락으로 결과를 알려드립니다.

한 문장에 너무 많은 정보가 담겨 있습니다. 보통 한 단계를 한 문장으로 정리하는 게 좋습니다. 문장당 서술어는 한 개만 쓰도록 합시다. QR코드는 어떻게 찍는지 모르는 사람들도 많습니다. 설명은 열 살짜리 아동이나 60세 이상의 부모님도 쉽게 이해할 수 있게 해야 합니다(물론 부모님께 설명하는 건 쉽지 않다는 걸 알고 있습니다). '개인 정보를 입력해주시면'이라는 말도 그리 좋아보이진 않습니다. 경우에 따라서는 마치 정보를 털리는 기분이 들 수도 있겠죠. 양식을 채워주시면 정도로 바꿔도 좋겠습니다. '개별 연락으로 결과를 알려드린다.' 이 표현도 뭔가 통보받는 기분이고, 단어들도 썩 좋은 어감이 아닙니다. 이벤트 응모하는 것뿐인데 너무 시험보는 기분이 든달까요.

1) 카메라를 켠 후 QR코드를 비춥니다.

2) 하단에 뜨는 주소를 누르면 자동으로 이벤트 페이지로 이동합니다.

3) 이벤트 페이지 상단에 '응모하기' 버튼을 누릅니다.

4) 양식에 맞게 내용을 채워주신 후 '응모완료' 버튼을 눌러주세요.

5) 2~3일 후 문자로 결과를 알려드리겠습니다.

하나만 더 얘기하자면 위 예문에서 '추첨하여'라는 서술어가 나왔는데 그건 소비자가 하는 행동이 아닙니다. 우리가 하는 행동이죠. 설명문엔 가급적 일관된 주어를 쓰는 것이 좋습니다. 소비자가 해야 할 행동만 순서대로 나열하는 게 헷갈리지 않습니다. 꼭 추첨방식에 대해 알리고 싶다면 하단에 따로 적어주도록 합시다.

이처럼 설명문은 상대방의 눈과 손을 따라 천천히 움직이는 배려에서 시작됩니다. 무작정 글을 적기 전에 먼저 우리 제품이나 서비스를 처음 접하는 사람들의 행동을 유심히 관찰해보셔야 합니다. 그들의 행동이 멈추는 곳, 시선이 흔들리는 곳 등을 캐치하여 더욱 자세하게 적어주어야 하죠. 제일 상단에 버튼이 하나밖에 없을지라도, 우린 그 버튼의 이름을 꼭 적어주어야 합니다. '상단에 버튼을 누릅니다'라고 하지 않습니다. 누군가는 자기가 지금 제대로 하고 있는지 불안해하고 있을 것입니다. 우리의 글은 그들에게 '맞아, 잘하고 있어'라고 말해주어야 합니다.

5장

일잘러의
글쓰기

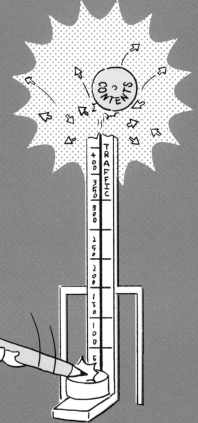

메일도 결국 글쓰기다

이번 장에서는 콘텐츠보다 좀 더 실무적인 '딱딱한' 글에 대해 말해보려고 합니다. 메일이나 보고서, 제안서 등 회사 내부에서 사용하는 텍스트에 관한 것들이죠. 그 시작은 가장 익숙하지만 의외로 까다로운 '메일'에 관한 이야기입니다.

보통 메일을 쓸 땐 분명한 목적이 있습니다. 문의를 하거나 정보를 알리거나 업무 체크를 하는 등 달성해야 할 숙제가 있죠.

예를 들어 여러분이 어떤 인쇄 업체에 제작 비용을 물어보는 메일을 보냈다면 그 금액이 적힌 답장을 받아야 합니다. 때문에 메일은 항상 보낸 메일과 받은 메일이 묶인 '한 쌍'으로 움직입니다. 업무를 할 때 메일 히스토리를 차곡차

곡 모아놓는 이유는 '내가 물은 것에 정확히 답을 했는지', '당신이 말한 것에 나는 어떻게 반응했는지'를 재확인하기 위함 입니다. 책임 소재를 따져야 할 때, 보낸 메일의 문제였는지, 받은 메일의 문제였는지를 확인할 수 있죠. 근래 날씨가 추워져서 감기 조심하라는 얘기나, '감사합니다'를 써야 할지 말아야 할지 등은 크게 중요하지 않습니다. 아래의 체크리스트를 기억해주세요.

업무 메일 체크리스트

① 인사말 : '안녕하세요, OOO의 OOO입니다' 정도면 충분합니다.

② 말씀주셨던 'OOO, OOO, OOO'에 대해 알려드립니다. : 답장을 보내는 상황이라면 상대가 말했던 부분을 다시 한 번 언급해줍니다.

③ 넘버링 : 가급적이면 1, 2, 3 숫자를 붙여서 내용을 말해줍니다. 이때 상대방이 보냈던 문의 항목의 순서대로 말해주면 더욱 좋습니다. 내가 질문을 해야 할 경우도 마찬가지입니다. 다섯 가지 질문을 했으면 다섯 가지 대답을 받아야 합니다. 한 가지가 덜 왔다면 반드시 다시 메일을 보내

체크해야 합니다. 누락이 생기는 걸 방지할 수 있는 아주 쉽고 좋은 방법입니다.

④ 차주 토요일(11월7일) 15:00, 강남 OOO스테이션 2호점(주소 : 서울시 강남구 강남대로 123-4 5F) : 이런 것까지 얘기해 줘야 하나 싶지만, 놀랍게도 일을 하다 보면 설마했던 모든 일이 발생합니다. 일정은 반드시 월, 일, 요일을 함께 말해 줍니다. 시간은 24:00기준으로 말합니다. 주소는 상호명과 함께 주소명과 층수/호수까지 정확히 적어서 줍니다.

⑤ 일금오백육십만원정(₩5,600,000) VAT별도(총액 : ₩6,160,000) : 저도 최근에 적기 시작한 내용입니다. 금액을 적을 땐 한글 표기와 숫자 표기를 함께해주고, 부가가치세 포함 여부를 적어줍니다. 그리고 별도라면 부가가치세를 더한 총액도 한 번 더 적어줍니다. '부가세 별도인 줄 못 봤어요'라는 얘기를 의외로 많이 들었습니다.

⑥ 강의 섭외 건으로 연락드립니다. 저희는… : 용건을 먼저 얘기하고 육하원칙에 의해 상세 내용을 적습니다. 보통 처음 컨택 메일을 보낼 경우 회사소개를 비롯해, 프로그램 소개까지 다양한 내용들이 적히기 마련인데 결국 무엇을 해달라는 것인지 먼저 적어준다면 훨씬 뒤 내용들을 파악

하기 쉬워집니다. 상세 내용은 육하원칙에 근거해서 적어 줍니다.

⑦ 참여하실 수 있는지 알려주신다면 정말로 감사드리겠습니다. : '참여 가능하실까요?'로 줄입니다. 물어보는 항목에서는 평서문보다 의문문으로 확실히 물어봅시다. 용건을 정확히 물어보는 건 실례가 아닙니다.

⑧ 답변은 하단의 예시를 지우고 적어주시면 감사하겠습니다. : 이건 필수는 아니지만, 경험상 꽤나 유용했습니다. 보통 답변을 달라고 하면 말이 자꾸 길어지거나 엉뚱한 답변을 주거나, 이해하기 힘든 줄글로 되돌아오는 경우가 많았습니다. 이럴 땐 내가 답변의 예시를 먼저 적어줍니다. 글자색은 희미한 회색으로 합니다. 보내는 사람이 다소 귀찮을 순 있지만, 필요한 답변을 아주 정확하게 받을 수 있습니다.

⑨ 하기 첨부한 파일은… : 첨부파일을 보낼 때 어떤 파일을 첨부했는지 적어줍니다. 메일 화면에선 대용량파일과 일반파일이 따로 표시되는 경우가 많습니다. 자칫 파일을 놓칠 수도 있죠. 사소해 보이지만 두 번 일하지 않기 위한 예방 주사 정도로 생각해봅시다.

⑩ 20201030_애프터모멘트_디자인견적서_vol1.pdf : 최근에는 모바일로 첨부파일을 확인하는 경우가 많아졌습니다. 저도 지하철에서 메일을 확인하거나 보내곤 한답니다. 첨부파일의 파일명은 어떤 파일인지 명확히 알 수 있도록 작성하고, 항상 PDF 파일로 보냅니다. 예전엔 첨부파일을 다 묶어서 압축파일로 보내는 게 예의라는 소릴 들었는데, 모바일로 확인할 땐 압축파일이 오히려 걸림돌이 되기도 합니다. 대용량파일과 일반파일을 섞어 보내는 경우가 아니라면 가급적 따로따로 보내시는 게 오히려 편할 수도 있습니다.

⑪ 색깔과 줄바꿈 : 한 줄로 길게 늘어진 문장은 잘 읽히지 않습니다. 가급적 마침표를 찍고 줄바꿈을 해주세요. 중요한 문장이나 단어엔 빨간색 등으로 굵게 표시해줍니다. 리스트를 적어야 한다면 불렛포인트의 위계를 잘 잡아주세요. 기본적인 구분은 1. 2. 3. 입니다. 우선순위가 없다면 '-(대쉬)' 나 '●' 정도로만 써주셔도 됩니다.

⑫ 소제목 : 메일에도 소제목이 필요합니다. '진행 일정', '진행 방식', '회의 아젠다' 등 다양한 내용을 말해야 할 땐 각각 소제목을 걸어주고 굵게 강조해줍니다. 한 줄 띄고 쓰

는 것도 잊지마세요.

⑬ 오탈자, 특히 이름, 참조 메일 주소 공개 : 다양한 사람들에게 같은 내용의 메일을 보낼 때 메일 제목이나 본문 중 이름을 바꾸지 않고 실수하는 경우가 생각보다 많았습니다. 저도 올해만 네 번 정도 그런 메일을 발견했어요. 제목은 박창선인데, 본문엔 다른 분 이름이 적혀 있는 식이었죠. 이해하는 데 큰 문제는 없지만 자칫 무성의해 보일 수 있습니다. 더불어 단체 메일 등을 보내며 참조를 걸어놓은 메일 주소를 비공개로 하지 않아 모두 공개되는 사태도 있습니다. 200~300개의 메일 주소가 참조란에 가득 적혀 있었죠. 메일 주소도 개인 정보 중 하나라서, 이처럼 다수의 메일 주소가 공개되는 건 자칫 문제가 될 수도 있습니다. 조심하셔야 해요.

⑭ 안녕하세요^^! : 메일에서 이모티콘이나 느낌표, 'ㅎ ㅎㅎ' 등을 써도 되냐는 질문이 상당히 많았습니다. 이에 대해선 많은 분들의 갑론을박이 있었습니다. 가급적이면 사용하지 않으시는 게 안전할 듯합니다.

⑮ 감사합니다. : 마무리 멘트는 '감사합니다'가 가장 무난하죠. 특별히 감사할 게 없는 메일이라도 일단 감사하다

고 말해봅시다.

메일의 종류와 목적이 매우 다양하므로 정답을 딱 짚어 얘기하긴 어렵습니다. 다만, 텍스트로 정보를 전달할 때 지켜야 할 기본이 있죠. 상대방이 자의적으로 해석할 수 있는 여지를 주지 않는 것입니다. 소설 같은 문학작품과는 완전 반대의 경우입니다. 메일은 단순히 정보를 '제공'하는 것이 아닙니다. 앞서 말했듯 주고받는 과정이 합쳐져야 하나의 커뮤니케이션이 끝납니다. 정확한 답변을 듣기 위해선 정확한 질문이 필요하죠. 더불어 메일은 발송과 확인, 답장까지의 시간이 오래 걸립니다. 메신저와는 다르죠. 물어봐야 할 내용 중 일부를 빠뜨리면 다시 체크하는 데까지 시간낭비가 심합니다. 참조까지 걸려 있다면 민망함까지 더해지겠죠. 때문에 메일을 쓸 땐 디테일한 부분들을 두 번 세 번 체크해줘야 합니다. 단순한 예의를 넘어 업무 사고를 방지하기 위한 장치이니, 조금 더 신경 쓰도록 합시다.

기획안에 넣지 말아야 할 단어들

소비자의 삶의 가치를 높여주고, 일상의 즐거움을 선
사하는 서비스로 이를 통해 제공자에겐 다양한 콘텐
츠와 취미 생활을 수익으로 전환할 수 있는 기회를 제
공하고 소비자는 콘텐츠를 통해 다양한 배움의 기회
를 얻을 수 있는 레버리지 역할을 수행하는 서비스입
니다.

우리가 쓰지 말아야 할 기획안 속 문장입니다. 무엇이 잘
못되었는지 하나하나 얘기해보도록 하겠습니다.

그 전에 기획안이란 무엇일까요? 누군가에겐 생소할 수
도 있지만, 사실 기획안은 우리 일상 속에 매우 가깝게 있

습니다. 동창들과 어디로 여행을 갈지 가볍게 카카오톡으로 나누는 대화도 기획이고, 휴가 계획을 잡는 것, 오늘 저녁 회식은 어디서 무얼 먹을지 정하는 것도 기획입니다. 좀 더 업무적으로 가자면 마케팅을 어떤 방식으로 어떻게 할지 구체적인 안을 만들거나, 디자인을 어떤 식으로 진행할지 근거와 예상 결과물을 그려보는 것도 기획입니다. 기획은 '문제를 해결하는 방법'을 뜻합니다. 말로 하면 프레젠테이션이 될 것이고, 글로 쓰면 기획안이 됩니다. 디자인으로 만들어내면 시안이 되겠죠. 이름은 다르지만, 해결 방안을 구체적인 상황이나 그림으로 그려내고 있습니다. 때문에 기획안의 언어는 기본적으로 '묘사'에 가까운 서술입니다. 글을 보고 '해결책'이 그려져야 하죠. 기획안만으로 행사가 그려져야 하고, 웹페이지의 구조, 마케팅 프로모션 이벤트가 그려져야 합니다.

다만 일반적인 묘사의 글엔 형용사나 부사가 가득한 반면, 기획의 글에는 '수식어'가 없습니다. '맛있는 케이터링 업체를 선정한다'라는 말은 없죠. '핑거푸드 8종, 메인요리 4종 이상의 메뉴를 제공하는 기책정된 예산 범주 내의 케이터링 업체 선정'이란 말은 있습니다. 수치와 예산, 행위와 목표로 설명합니다.

그럼에도 기획안의 글에 사족이 많아지는 건 두 가지 이유입니다. 형식과 수치화의 어려움 때문이죠. 목표는 꼭 세 개 이상 적어야 할 것 같고, 짧게 적으면 여백이 너무 많이 남아서 허전하고, 목적이 한 줄이면 대충 쓴 것 같으니 뭔가 말을 늘려야 할 것 같은 압박감은 형식주의에서 비롯됩니다. 실무보단 기획안의 구색을 맞추는 데 집중하죠.

사실 이는 제 경험에서 비롯된 것입니다. 제가 일했던 한 기관에선 관습적으로 쓰는 단어와 결정권자가 좋아할 만한 '컨펌용 수식어'가 존재했습니다. 이것들을 써야 기획안이 통과되곤 했죠. 정량 목표와 정성 목표는 각 세 개씩 짝을 꼭 맞춰야 했고, 사업 목표는 반드시 세 줄 이상 적어야 했습니다. 다행스럽게도 최근에는 기업들이 이런 형식을 타파하는 데 많은 공을 들이고 있습니다. 하지만 여전히 공감가는 이야기라면 심심한 위로의 말씀을 드리고 싶습니다.

수치화의 어려움은 아직 정해지지 않은 것들이 많은 경우입니다. 이론상으론 회의를 통해 최종 예산과 방향성, 목적,

목표 등이 확정된 후 구체적인 기획안이 작성되지만 현실은 그렇지 않습니다. 일단 어떻게 될지 모르니 그냥 써보는 기획안도 많고, 확정된 이후에도 계속 수정되는 경우가 많습니다. 그러다 보니 모든 상황을 포함한 추상적인 단어들이 쓰입니다. '정리되지 않은 상황'이 그대로 반영된 글이죠.

상황이 이렇다 보니 '글 늘리기'와 '추상적인 단어로 포장하기'로 기획안을 채우는 경우가 많습니다. 수치가 정확하지 않고 행위가 규정되지 않으니 생각과 가치만을 얘기하게 되죠. 만약 이런 경우라면 제대로 된 글이 나올 수 없습니다. 기획자의 잘못이 아닙니다. 기획안은 상상으로 지어낼 수 있는 글이 아니니까요.

다만, 이와 같은 상황이 아니라면 기획자의 손이 꼭 신경써야 할 부분이 있습니다.

제작을 업으로 삼는 사람들이 좋아하는 일로 더 나은 미래를 꿈꾸고 그들의 가치 있는 일을 지원하고 몰입하여 지속할 수 있도록, 이번 프로그램을 통해 Systemizing 하고 Business Area를 확장합니다.

좋지 않은 예가 모두 담겨 있는 훌륭한 예제라고 생각합니다. 이 문장을 통해 어떤 부분에 주의해야 할지 한번 살펴볼까요.

주어와 술어부터 살펴본다

이 문장의 주어는 '제작을 업으로 삼는 사람들'이 아닙니다. '우리는'이죠. 물론 생략할 수 있습니다. 하지만 가급적 적어주세요. 주어가 빠지면 술어를 찾기가 힘들어집니다. 원래 주어는 '우리는', 술어는 '확장합니다'입니다. 이 문장의 핵심은 '우리는 OOOO을 확장합니다' 이렇게 압축시킬 수 있죠.

대상이 명확한가?

OOOO은 Business Area 입니다. 그런데 systemizing 하는 건 무엇일까요. 대강 '그들의 사업' 정도로 유추해볼 순 있겠지만 글에 명확히 드러나 있진 않습니다. 이걸 조심하세요. 문장 구조가 복잡해지면 생략이 많아집니다. 쓰는 사람의 생각으로 글의 빈 곳을 채우고 있죠. 문장은 짧게 쳐냅니다. 주어와 대상, 술어가 분명한 문장을 적습니다. 접속사로 문장을 자꾸 연결하지 말고 하나의 정보를 전달했으면 문장을 끝냅니다.

너무 많은 동작을 담지 않는다

'제작을 업으로 삼는 사람들'이 하는 행동을 봅시다. 두 가지가 있습니다. 좋아하는 일을 하고 미래를 꿈꾸죠. 우리가 하는 행동은 네 가지입니다. 지원하고, 지속하게 만들고, systemizing 하고, 확장합니다.

한 문장에 무려 여섯 개의 동작이 등장합니다. 고등학교 시절 외국어 영역이 어려웠던 이유를 기억하시나요? 해설지를 봐도 무슨 말인지 이해하기 어려웠던 이유는 한 문장에 너무 많은 술어와 수식어가 붙어 있기 때문이었습니다. 인기 있는 인터넷 강의 강사님들은 항상 '진짜 술어'를 찾으라고 강조했습니다. 기획안은 수능 지문이 아닙니다. 한 문장엔 하나의 술어만 적으세요.

피해야 할 단어들

기획안을 쓰다 보면 양념같이 들어가는 영어 표현들이 있습니다. 업계 용어 또는 기획자들의 입버릇 같은 단어들이죠. 이슈, 버젯, 비즈니스모델, 푸시, 인볼브, 인게이지먼트 등 다양합니다. 평소 업무에서 커뮤니케이션을 돕기 위해 자주 사용했던 단어라도 기획안에선 가급적 사용을 자제해주세요. 같은 단어라도 직무에 따라 해석이 다를 수도 있고, 외부인에게 기획안을 공유해야 하는 상황이라면 이해하기 어려울 수도 있습니다. 가급적 영단어, 한자어, 전문용어, 중의적 의미, 추상명사 등을 피하시는 게 좋습니다.

명확한 행위와 수치를 담는다

기획안에 정답은 없지만, 앞서 언급한 예제는 이렇게 바꾼다면 더 좋습니다.

- 제작자들의 사업모델을 9단계로 나누어 1개월 당 3단계씩 총 3개월에 걸친 파트별 컨설팅 진행.
- 홍보채널, 영업채널, 수익채널의 확장가능성 점검, 실제 운영에 필요한 자금 및 인력을 한도 내 지원.

보고를 할 때 챙겨야 할 세 가지

"OO씨, 이번 프로모션 진행할 외부 업체 정리됐어요?"

"아 네, 그 이번에… 한 업체가 좀 이슈가 있어서 다른 업체를 알아봤는데 그쪽에서도 견적이 안 맞다고 좀 얘기를 진행하고 있는 중이고, 부스 디자인은 아무래도 다른 곳을 다시 알아봐야 할 것 같은데…"

"지금 무슨 말 하는 거예요. 그래서 정리가 됐어요?"

"아 지금 곧 하려고요."

"그럼 아직 안 됐다, 몇 시까지 정리해서 주겠다만 얘기하면 돼요."

"아… 네…"

보고라는 게 잘하면 본전이고 못하면 괜한 소리를 듣곤 합니다. 큰 기업이라면 정해진 보고 양식에 정확히 맞춰야 하고 단어 하나, 기호 하나에도 신경을 써야 하는 경우가 많습니다. 빠르게 움직이는 스타트업이나 중소기업에서는 형식은 비교적 자유롭지만 짧은 글이나 메시지 안에 요지를 담아야 하니 순발력 있는 글솜씨가 필요하죠.

대부분의 보고 관련 노하우에서 말하는 글을 축약하고 다듬는 기술, 그리고 글머리기호를 어떻게 써야 하는지 등에 관한 건 다루지 않으려고 합니다. 그것보단 조금 '사람'에 집중해서 얘기해보겠습니다.

얼핏 보고용 글은 딱딱하고 형식적인 글이라고 생각하기 쉽지만, 사실 보고의 제1원칙은 '상대방의 성향'을 파악해야 한다는 것입니다. 일을 처리하는 방식이 모두 다르듯, 보고를 받는 사람도 가장 우선시하는 항목이 존재하죠. 누군가는 예산을 먼저 보고 싶어 하고, 누군가는 목표치와 달성계획을 먼저 보고 싶어 합니다. 또 누군가는 표지와 목차, 표의 간격까지 완벽하게 포멀한 형식의 보고서를 원하죠. 때문에 보고서를 쓸 때는 어떤 형식으로 어떤 항목을 강조할 것인지를 생각해야 합니다. 더불어 그 항목을 어떤 사고방식으로 풀어낼 것인지도 함께 고민해야 하죠.

만약 상대방이 데이터를 신봉하는 성향이고 예산을 먼저 보고 싶어 한다면 예산안을 따로 빼서 앞장에 요약하되, 그 예산이 등장하게 된 관련 업체 비교견적과 산출근거를 정돈해주는 것이 먼저입니다. 큰 기업이라면 정해진 양식을 깨뜨릴 수 없으니 결정권자가 자주 쓰는 단어나 개념, 문장 구조를 사용해주는 편이 좋죠. 어느 쪽이건 보고서를 받아보는 사람을 먼저 파악해야 한다는 점은 다르지 않습니다.

두 번째로 중요한 건 구성입니다. 특히 이건 스타트업/중소기업 정도의 빠른 의사결정이 필요한 회사에서 많이 쓰이는 방식일 겁니다. 협업툴이나 카카오톡 같은 메신저를 많이 사용하면서 대화체로 보고해야 할 일이 많습니다. 자칫하면 구구절절 말이 길어질 위험이 있죠. 보고는 기본적으로 '행위나 사건'을 객관적으로 알리는 역할을 합니다. 간결하면서도 필수적인 내용이 들어가야 하는데 여기서 필수는 결과와 원인, 세부 내용을 의미합니다.

- 이런 결과가 있었다.
- 그 원인은 이것이다.
- 경위는 이렇다.

설득을 위한 글에선 원인과 맥락을 먼저 언급하지만 보고는 다릅니다.

이번에 진행하기로 한 웹페이지 제작 관련 미팅이 28일로 미뤄졌습니다.

내부 행사 준비로 업체에 전달해야 할 자료 준비가 늦어졌습니다.

관련하여 실무자 및 미팅 참석자들에게 공지 완료했고, 자료는 24일까지 완료하여 업체 측에 전달하기로 했습니다.

이런 식으로 결론부터 얘기해주는 게 깔끔합니다. 사실 결정하는 입장에선 상세한 상황 설명보다 '무슨 일이 벌어졌고 그래서 앞으로 어떻게 할 건지'가 더 중요하기 때문이죠. 그래서 보고의 마지막은 항상 세 가지 중 하나로 끝나야 합니다.

1) 이렇게 완료되었다.

2) 이렇게 진행할까요?

3) 어떻게 처리할까요?

3번의 경우는 선조치할 만한 상황이 아닌 경우입니다. 언론에 언급될 만한 사고가 터졌거나, 비용이 발생할 수 있는 이슈 등 결정권자의 결정이 필요한 상황이죠. 여기서도 마찬가지로 무슨 일이 터졌는지, 핵심 원인이 뭔지, 현재 상황은 어떤지 순서대로 말해주는 것이 좋습니다.

세 번째는 연결입니다. 보통 이렇게 보고가 시작될 겁니다.

지난 번 전체회의 때 결정되었던 '브랜드팀 구성' 계획 중 내부 인원의 새로운 편제 구성 초안을 전달드립니다. 회의 내용에 따라 총 5명의 팀이동이 발생합니다….

위 예문은 방어력이 높은 문장입니다. '이미 전체가 합의했던 내용을 근거로 행동했고, 그때 다섯 명을 옮기자고 했으니 그렇게 했다'라는 내용이죠. 보고란 어떤 일의 시작과 종료 사이에 무수히 발생하는 정류장 같은 개념입니다. 이 버스가 어디에서 출발해서 어디로 가는지 언급해주는 건 방향성 유지에도 좋고, 결정권자가 보고내용을 파악하기에도 편리합니다. 항상 보고의 근거를 그 시발점(특히 다같이 합의했던 내용)에 두는 걸 추천합니다. 중간에 사고가 발생한 경우가 아니라면 말이죠.

마지막은 뉘앙스입니다.

- 전년 동월 대비 13% 유입률이 감소했습니다.
- 2분기 대비 5% 가량 유입률이 상승했습니다.

같은 수치를 얘기해도 어떤 기준점에서 말하느냐에 따라 태도와 뉘앙스가 전혀 달라질 수 있죠. 보고는 결국 변곡점을 만들어냅니다. '잠깐 모여봐. 회의 좀 합시다'라는 얘기가 나올 수도 있고 '계속 진행하세요'라는 말이 나올 수도 있죠.

이처럼 보고는 정확한 사실을 전달하는 것처럼 보이지만 사실 정보라는 틀만 가지고 있을 뿐 결국 사람을 향하고 있습니다. 보고는 하루에도 몇 번씩 발생합니다. 가벼운 카카오톡 보고부터 중요한 중간 보고, 결과 보고까지 일을 하는 사람들에게 가장 가까운 글이죠. 앞 장에서 꾸준히 얘기했듯 보고 글 또한 청자가 존재하고 청자의 다음 행동을 만드는 메시지임을 기억해두세요. 사실을 전달하는 건 목적일 뿐입니다. 우리가 글을 잘 쓰고 싶은 건 목적을 '잘' 이루고 싶기 때문이죠. 같은 내용이라도 방식에 따라 퀄리티가 크게 달라지니까요. 청자의 사고방식은 오랜 시간과 경험으로 굳혀진 물결과도 같습니다. 그 패턴을 먼저 찾아냅시다. 그리고 물결에 맞게 배를 띄우는 거죠.

사과문에 들어가선 안 되는 단어

회사들은 고객과의 접점을 만들기 위해 공식 SNS 운영 등 적극적으로 소통의 툴을 늘려나가고 있습니다. 다양한 매체를 운영하게 되는 만큼 사과할 일이 많아지는 요즘입니다. 당연히 그럴 일이 없다면 더 좋겠지만, 사실 사람이 살면서 실수 한 번 하지 않기는 쉽지 않습니다. 누구도 예외일 수 없죠. 특히 여러분의 브랜드가 점점 유명해지고 영향력이 커질수록 사과문과도 가까워집니다. 사람들의 이목이 집중되기 때문이죠. 사소한 말이나 행동 하나로도 누군가의 마음을 다치게 할 수 있습니다. 저 또한 글을 쓰며 몇 번 사과의 글을 써야 했습니다. 잘못에 대한 뉘우침과 진심은 기본입니다. 이제부터 말씀드릴 사항들은 멋진 사과문

으로 사람들을 홀리는 스킬이 아닙니다. 그럴 수도 없을뿐
더러 설령 사람들을 감화시켰다고 해도 더 큰 화살이 되어
돌아올 뿐이죠.

이번 내용은 진심을 다해 사과하는 여러분들이, 사소한
말의 차이로 오해를 받거나 진심이 왜곡되는 일을 최소화
하기 위한 안전장치 정도로 생각해주시면 감사하겠습니다.

사과문에 별도의 공식이 있는 것은 아닙니다. 하지만 일
반적으로 다음과 같은 순서를 따르게 됩니다.

1) 회사 자격으로 자신을 소개합니다.
2) 어떤 일이 있어 사과문을 올리게 되었음을 알립니다.
3) 경위와 구체적인 내용을 요약해서 올립니다.
4) 이때 경위는 자신에게 유리한 방향이 아닌 사실 그
대로를 진술합니다.
5) 피해를 입은 사람들을 명확하게 언급하고 정식으
로 사과의 말을 전합니다.
6) 피해 보상 및 대응책에 대해 언급합니다.
7) 다시금 죄송하단 말과 재발하지 않도록 어떤 노력

을 다할 것인지 다짐합니다.

사과문의 핵심은 사실 관계와 잘못에 대한 인정, 변화에 대한 다짐입니다. 다만 이런 순서를 잘 맞춰서 진심 어린 사과문을 적었다고 해서 항상 용서를 받는 것은 아닙니다. 사과문의 내용에 상관없이 소비자들의 분노는 쉬이 가라앉지 않습니다. 사과문에 딱히 문제가 없어도 진정성에 대한 의심이나 말만 그럴싸할 뿐이다, 이제 와 사과해도 늦었다는 등의 반응이 돌아옵니다. 진정성 있는 변화와 행동을 통해 다시 신뢰를 쌓아가야 합니다. 시간과 노력이 필요한 일입니다.

그럼에도 사과문은 문제가 발생한 이후 내부적으로 내용 정리가 되는 즉시 최대한 빠르게 올리는 것이 좋습니다. 공식 의견이 없으면 이슈가 일파만파 퍼져나가고 수많은 루머와 더 큰 분노를 일으킬 뿐이죠. 물론 전혀 근거가 없는 허위 사실이라면 얘기가 좀 다르겠지만 잘못한 부분이 명확할 경우엔 빠르게 사과문을 올리고, 과감한 행동으로 후속 조치를 하는 것을 추천합니다.

그러나 종종 사과문 자체에 문제가 있는 경우도 있습니

다. 사과문에 절대 들어가지 말아야 할 사항들을 알아보겠습니다.

사실 내 잘못이 아니고, 어떤 직원의 잘못이었다

그런 건 없습니다. 어느 한 개인의 잘못일 뿐 전체가 잘못하지 않았다는 꼬리자르기 식의 사과문인데 사과문이란 책임 소재를 따지는 것이 아닙니다. 사과문이란 상처받은 사람들을 향한 글이고, 그들의 마음을 공감하고 위로하는 글입니다.

사죄의 뜻으로 쿠폰을 드리겠다

이런 일이 생각보다 많았습니다. 쿠폰 받자고 사과를 요청한 게 아닙니다. 보상이나 대응은 문제에 맞닿아 있어야 합니다. 이 문제가 재발하지 않도록 어떤 노력을 할지 언급하면서 그 의지를 보여주는 것이 변화와 보상이죠. 자동차 급발진으로 생명의 위협을 느낀 소비자에게 엔진오일 무료 교환권을 주는 게 무슨 소용이 있겠습니까. 빠르게 리콜을 진행하고 전 차량에 대해 검사를 실시하고 그에 대한 보상을 해주는 게 진정성 있는 개선 의지겠지요.

오해가 있었다

물론 오해가 있을 수 있습니다. 하지만 사과문에는 쓰지 않아야 합니다. 오해가 있었다는 건 피해자 쪽에서 나와야 할 말입니다. '아, 제가 오해한 부분이 있었네요'라고 말이죠. 억울하고 사실 관계가 다른 부분이 있다면 무엇이 사실과 다르고, 무엇은 맞는지 정확히 얘기해주는 게 더 좋습니다.

본의 아니게, 그런 의도가 아니었다

잘못을 해야겠다고 결심하고 잘못하는 경우는 없습니다. 모든 잘못은 의도와 다르죠. 굳이 이것을 언급하는 것은 회피하려는 꼼수로 느껴질 위험이 있습니다. 한 브랜드에서 '더워 죽겠는데 남친은 차가 없네'라는 문구를 썼다가 여론의 뭇매를 맞았는데 사과문에서 이렇게 언급했습니다. '광고 문구의 차는 마시는 차를 의미한 중의적 표현이었다. 본의 아니게 고객 여러분의 기분을 상하게 해 죄송하다'라고 말이죠. 이 사과문을 본 고객들은 납득할 수 있었을까요? 엉뚱한 해명으로 문제를 회피하려는 비겁한 변명으로 보이지 않았을까요?

터지는 콘텐츠는 이렇게 만듭니다

몰랐다. 딱 한 번 잘못한 것이다

정말 몰랐을 수도 있습니다. 하지만 사과문에는 그 단어를 쓰지 않습니다. 만약 콘텐츠 상에서 쓰지 말아야 할 저속한 단어를 뜻 모르고 썼다면 언제 어떤 맥락에서 그 단어를 썼고, 어디서 알게 되었고, 추후 그 단어의 뜻을 어떻게 인지하게 되었는지 경위를 상세히 설명하는 것으로 충분합니다. 또한 모르고 한 번 쓴 것이라는 식의 문구도 자제해야 합니다. 횟수가 중요한 게 아닙니다. 사람들이 분노한 포인트는 그 단어를 썼다는 행위 자체입니다.

경솔했던 것 같습니다

여기서 문제는 '-것 같습니다'입니다. '경솔했습니다'로 써야 합니다. 자신의 잘못을 마치 제3자 입장에서 말하는 듯한 태도는 좋지 못합니다. 경위를 설명하거나 개선의지, 사과의 말을 전할 땐 항상 확실한 어조로 마무리합니다.

피해자들에게는 죄송하다

별 문제없어 보이지만, 묘한 뉘앙스의 차이가 있습니다. '에게는'을 '에게'로 바꿔봅시다. 'ㄴ' 받침 하나로도 뜻이 달라집니다. 이 표현에선 피해자들에게 일단 사과는 하겠지만, 그래도 난 억울하다는 느낌이 듭니다. 또는 피해자들을 제외한 나머지 부분에 있어선 죄송하지 않다라는 느낌을 주기도 하죠. 사과의 대상을 한정시키는 건 위험합니다. 사과를 받을지는 받는 사람이 결정합니다. 사과하는 사람이 정할 일이 아니죠.

어쨌든 죄송합니다

의외로 굉장히 많이 쓰는 단어였습니다. '어쨌든'을 쓰는 순간 지금까지 말했던 모든 내용의 진정성은 사라집니다. 친구끼리도 이런 식의 사과는 하지 말아야 합니다. 사과에 '어쨌든'은 없습니다. 사과에 생략이 있어서도 안 됩니다. 누구든 이 상황에 대해 쉽게 이해하고 판단할 수 있도록 상세하게 기록합니다.

죄송합니다. 하지만 안전상 문제는 없었습니다

아주 많은 사과문에서 이와 같은 패턴을 볼 수 있습니다. 특히 기사문에 많이 언급되죠. '폐를 끼쳐 죄송하다고 전하면서, 이미 10분 전에 승객들을 탑승시킨 뒤라 안전상 문제는 없었다고 덧붙였다'라는 식으로 말이죠. 안 붙여도 될 말을 굳이 붙였습니다. '자꾸 내가 다 잘못했다고 뭐라고 하는데 내가 그렇게까지 잘못한 건 아니야!'라고 고개를 가로젓는 느낌이 든달까요.

복사-붙여넣기 사과문은 좋지 않다

마지막은 표현의 문제보다 배려의 문제입니다. 물론 공식 사과문은 내용이 거의 달라지지 않고 대다수의 기사문과 공식 SNS 채널에 올라갑니다. 하지만 팬카페나 회원과 같이 직접적인 관계가 있는 사람들에겐 추가적인 사과문이 하나 더 필요합니다. 나의 잘못이 사회엔 충격을 주었겠지만, 팬들에겐 배신감을 주었으니까요. 서로 받은 상처가 다른 만큼 우리의 사과도 달라져야 합니다.

터지는 콘텐츠는 이렇게 만듭니다

초판 1쇄 인쇄 2021년 3월 17일
초판 1쇄 발행 2021년 3월 25일

지은이 박창선
펴낸이 김선식

경영총괄 김은영
편집인 박경순
책임편집 김하나리 **책임마케터** 이고은
마케팅본부장 이주화 **마케팅2팀** 권장규, 이고은, 김지우
미디어홍보본부장 정명찬
홍보팀 안지혜, 김재선, 이소영, 김은지, 박재연
뉴미디어팀 김선욱, 허지호, 염아라, 김혜원, 이수인, 배한진, 석찬미
저작권팀 한승빈, 김재원
경영관리본부 허대우, 하미선, 박상민, 권송이, 김민아, 윤이경, 이소희, 이우철, 김재경, 최완규, 이지우, 김혜진
디자인 this-cover.com

펴낸곳 다산북스 출판등록 2005년 12월 23일 제313-2005-00277호.
주소 경기도 파주시 회동길 490
전화번호 02-704-1724
이메일 uyoung@uyoung.kr
홈페이지 www.dasanbooks.com
종이·출력·후가공·제본 (주) 갑우문화사

ISBN 979-11-306-3588-0 [03320]

*유영은 ㈜다산북스의 임프린트입니다.